STEFFI OLSCHEWSKI & EDWIN LEHMANN

Aufgeben nicht vorgesehen

Die lange Reise eines blinden Paares
auf dem Jakobsweg

Freier Roman
nach zwei wahren Begebenheiten

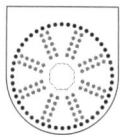

Eddie und Steffi mit Bob und Betty

VORWORT

Die Autoren, das sind Steffi, 47 Jahre alt, und Eddie, 54 Jahre alt, und wir sind ein Paar.
Beide haben wir noch eine Gemeinsamkeit, nämlich das gleiche, kleine Handicap. Wir sind blind. Ich, Steffi, seit gut sieben Jahren und Edwin, genannt Eddie, seit knapp zwanzig Jahren. Zu uns gehören weiterhin zwei noch im Haushalt lebende Kinder und eine 7-jährige Schäferhündin namens Betty, die mir in vielen Bereichen meines Lebens das Augenlicht ersetzt.

Warum schreiben wir nun ein Buch?
Im Frühjahr 2008 wurde Eddies Mutti von einem Tag auf den anderen zu einem Pflegefall, wir mussten handeln und trafen eine ungewöhnliche Entscheidung. Unsere Pläne waren zu diesem Zeitpunkt eigentlich ganz anders gelagert. Eddie und ich hatten ganz spontan beschlossen, zum Ende des Jahres den Jakobsweg zu gehen, allein und ohne sehende Begleitung. Die Vorbereitungen sollten gerade beginnen. Unser beider Leben hatte mit dem Zeitpunkt der Erblindung eine ungeahnte Wende genommen. Alles, was bis dato so selbstverständlich war, brach plötzlich weg und wir wurden zudem mit sozialen Unzulänglichkeiten in dieser Gesellschaft konfrontiert. Es war somit an der Zeit, das Geschehene und Erlebte zu verarbeiten sowie neue Prioritäten im Leben zu setzen.
Aber erstens kommt es anders und zweitens als man denkt. Wir übernahmen zunächst die Pflege eines sterbenden, hilflosen Menschen. Eddie wurde als Betreuer seiner Mutter vom Gericht eingesetzt und durch unseren Pflegefall erlebten wir

noch mehr von den sozialen Härten in diesem Land. Der Plan, den Jakobsweg zu gehen, wäre vermutlich ohne diese Erlebnisse nie in die Realität umgesetzt geworden.

Auch reifte der Entschluss in uns, ein Buch zu schreiben, in der Hoffnung, zum Nachdenken bewegen zu können und anderen Mut zu machen. Denn nicht zuletzt berichten wir von unseren Selbstzweifeln, der Selbstüberwindung bis hin zu unserer Selbstfindung.

Fiktiv, eingebettet in die Auszüge aus unserem Jakobsweg, berichten mein Partner und ich in diesem Roman auch über Missstände in Sachen Pflege.

Nur wenige Wochen nach Muttis Tod begaben Eddie und ich uns auf den Jakobsweg nach Santiago de Compostela. Knapp vier Monate nach unserer Rückkehr ließen wir uns vom Pfarrer der hiesigen St. Marienkirche taufen, um eine wichtige Erkenntnis reicher.

Heute sind wir aktive Mitglieder unserer Kirchengemeinde und meistern unser Leben mit Gottes Hilfe.

Etwaige Ähnlichkeiten mit lebenden oder verstorbenen Personen in diesem Buch sind rein zufällig und unbeabsichtigt.

INHALT

Vorwort		5
1	Steffi und Eddie	11
2	Pilgervorbereitungen	12
3	Eine Herausforderung für Körper, Geist und Seele	21
4	Bayonne und St. Jean Pied de Port	29
5	In den Pyrenäen	34
6	Angst	40
7	Roncesvalles und Burguete	47
8	Nichts als Zweifel	57
9	Rückblicke und Selbstzweifel	68
10	Formalitäten	75
11	Eine Entscheidung von großer Tragweite	78
12	Die Dinge nehmen ihren Lauf	86
13	Ein unruhiges Wochenende	90
14	Ponferrada	95
15	Der letzte Teil des Camino	100
16	Neuer Tag, neues Glück	107
17	Ein kaputter Rucksack	117
18	Ventas de Narón	123
19	Erinnerung und Selbstüberwindung	136
20	Der Umzug	140
21	Die Sorgen reißen nicht ab	144
22	Wieder in der Klinik	147
23	Endlich wieder zu Hause	157

24	Maschine 5 in Palais de Rei	165
25	Regen, nichts als Regen	175
26	Toshiko und Eddies Englischkurs	183
27	Und erstens kommt es anders, und zweitens als man denkt …	193
28	Noch einmal Rückblicke und unsere Selbstfindung	204
29	Abschied	213
30	Das eingelöste Versprechen	219
31	Santiago de Compostela	222
32	Erkenntnisse und Erinnerungen	228
33	Finesterre	238
34	Die Schlüpperverbrennung	249
35	Wehmut	253
36	Noch einmal Santiago und die Rückkehr in die Heimat	261

Epilog	267
Danksagung	273

„Man sieht nur
mit dem Herzen gut.
Das Wesentliche ist für die Augen
unsichtbar."

Antoine de Saint-Exupéry

1 STEFFI UND EDDIE

Es war ein regnerischer Samstag im April. Eddie und ich hatten geplant, wie an jedem Sonnabend oder Sonntag, seine Mutti im Pflegeheim in Z. zu besuchen.
Wir hörten den immer stärker werdenden Regen gegen die Scheiben prasseln und verschoben unsere Fahrt in das Heim auf den darauf folgenden Tag.
So machten mein Freund und ich es uns auf dem Bett in meiner Wohnung gemütlich, sprachen über unsere gemeinsame Zeit und schmiedeten Zukunftspläne. Noch immer lebten wir in getrennten Wohnungen, da sich einfach nichts Passendes finden wollte. Vieles musste bei einem Umzug bedacht werden, denn zu uns gehören weiterhin zwei Kinder und die beiden Blindenführhunde. Eddie und ich hatten uns im November 2004 kennengelernt und waren seit einem Dreivierteljahr ein Paar.
Es regnete noch immer und so schob ich unsere neueste Errungenschaft, das Hörbuch von Hape Kerkeling „Ich bin dann mal weg", in den Player. Das Buch faszinierte uns von der ersten Minute an und wir beschlossen ganz spontan und ohne weitreichende Überlegungen, den Weg nach Santiago de Compostela zu gehen, am besten gleich im Herbst.
Noch am selben Abend begannen wir, uns mit Hilfe des Internets intensiver mit dem Jakobsweg zu beschäftigen. Ein waghalsiger Plan war gereift. Denn Eddie und ich hatten vor einigen Jahren unser Augenlicht verloren und waren sogenannte Späterblindete. Ich tastete nach meiner Uhr, diese zeigte Mitternacht. So gingen wir, um einiges Wissen reicher, zu Bett, schmiegten uns eng aneinander und schliefen sofort ein.

2 PILGERVORBEREITUNGEN

Monate waren seit diesem Tag im Frühjahr vergangen. In Eddies und meinem Leben hatte sich seither einiges verändert. Wir waren mit der Pflege eines sterbenden Menschen sowie dessen Tod konfrontiert worden.
Plötzlich erreichte uns eine weitere Hiobsbotschaft. Die Regierung in Mecklenburg-Vorpommern plante eine drastische Kürzung des Landesblindengeldes ab 2009. Das auch noch! Eddie und ich waren fassungslos und wurden wütend. Viele Menschen vertreten leider immer noch die Auffassung, dass Blinde automatisch eine Pflegestufe und dazu noch das Blindengeld erhalten. Das ist leider nicht der Fall. Pflegestufen und die damit verbundenen Gelder sind in ganz Deutschland einheitlich geregelt. Das Landesblindengeld leider nicht. Dieses hängt vom Haushaltsetat der Länder ab und wird in vielen Bundesländern somit nicht der Schwere der Behinderung gerecht. Dem tatsächlichen blindheitsbedingten Mehraufwand entspricht der Gesetzgeber damit in keiner Weise. Die ergänzende Blindenhilfe bekommen nur Menschen, die arm im Sinne des Gesetzes sind. Es wird Zeit, dass endlich ein einkommens- und vermögensunabhängiges, bundesweit einheitliches Blindengeld von der Bundesregierung verabschiedet wird, welches dieser schweren Behinderung auch Rechnung trägt. Stattdessen plante man nun auch bei uns eine Kürzung.

Die Kinder hatten gute Zeugnisse erhalten. Nun konnten die Ferien beginnen und wir mussten unseren Alltag neu organisieren. Leider erwies sich dies als nicht ganz so einfach, denn der Kampf um die Erhaltung des Blindengeldes in Mecklenburg-Vorpommern in der bisherigen Höhe nahm uns sehr in

Anspruch. Wir hatten den Eindruck, dass die geplante Kürzung mit allen zur Verfügung stehenden Mitteln durchgeprügelt werden sollte. Eddie und ich wurden von Unruhe erfasst und verbrachten so manche Nacht fast schlaflos. Telefonkonferenzen, Sitzungen, viele Termine und Unmengen Arbeit standen auf der Tagesordnung. Und wir hatten uns so auf einen schönen, erholsamen Sommer mit den Kindern gefreut!
Außerdem galt es, unsere Pilgerreise zu organisieren. So suchten wir uns Informationen im Internet und hörten zum zweiten Mal das Buch „Ich bin dann mal weg" von Hape Kerkeling. Der Schreck fuhr mir in die Glieder: „Sag mal Eddie, sind wir beim ersten Mal nicht bei der Sache gewesen? Schon der Anfang, die erste Etappe von St. Jean Pied de Port nach Roncesvalles, lässt mich erstarren. Da ist von zwanzig Zentimeter schmalen Abstiegen im Wald und von metertiefen Schluchten die Rede!" Eddie erwiderte: „Haben wir das bisher nicht wahrgenommen? Oder verdrängt? Steffi, doch auch das muss für uns zu meistern sein. Kommt Zeit, kommt Rat."
Und so legten wir das Buch wieder zur Seite.
Zunächst wollten wir uns um das Grab von Eddies Mutter kümmern. Mein Partner und ich zogen mit unserem Bekannten, Jens, in einen Baumarkt, um Gießkanne, Harke und eine Kette samt Schloss zu besorgen. Diese Utensilien wurden später an einem Friedhofsbaum befestigt, um uns die ewige Schlepperei zu ersparen. Wir waren gerade mit der Suche nach den gewünschten Dingen beschäftigt, als Jens plötzlich ausrief: „Schaut mal, hier gibt es verbilligte Outdoorsachen." Eddie und ich überlegten nicht lange, sondern kauften fröhlich drauflos. Und das ganz ohne nachzudenken! Vermeintlich passende Rucksäcke, Isomatten und auch Schlafsäcke waren schnell gefunden.

Auf dem Rückweg überzeugten wir Jens davon, am Bahnhof in unserer Heimatstadt vorbeizufahren. Dieser war mehr als verwundert. Er wusste nicht, worum es ging, denn Eddie und ich hatten über unsere geplante Aktion vorerst noch Stillschweigen vereinbart. Wir ließen uns eine Verbindung nach St. Jean Pied de Port heraussuchen und setzten dazu einen Tag im September als Abreisetermin fest. Eine gute halbe Stunde verging, dann war der optimale Reiseplan samt Kosten erstellt. Hinter uns warteten inzwischen geduldig viele Menschen. Die Fahrzeit mit Umsteigen und den damit verbundenen Aufenthalten betrug sechsundzwanzig Stunden zu einem guten Preis, und so machten wir uns mehr als zufrieden auf den Heimweg.

Am nächsten Morgen kreuzten mein Lebensgefährte und ich erneut am Fahrkartenschalter auf, kauften die Tickets und reservierten die Liegewagenplätze. Nun gab es endgültig kein Zurück mehr, jetzt musste der „Camino Francés" absolviert werden. Zunächst wurde unser Plan in die Tat umgesetzt, ein Buch zu schreiben. Abends, wenn die Kinder schliefen, hauten wir in die Tasten und fragten uns natürlich im Stillen, ob unser Geschreibsel überhaupt jemanden interessieren würde. Aber eine innere Kraft trieb uns voran und so fuhren wir fort. Hapes Buch wurde wieder hervorgeholt. Es musste Lösungen geben, vor allem solche, die es auch uns beiden Blinden ohne eine sehende Begleitung möglich machten, den „Camino Francés" zu gehen. Wir surften nun oft nächtelang im Internet und waren erneut kurz davor, unseren Plan aufzugeben. Schließlich stieß ich auf Seiten von anderen Pilgern, las diese aufmerksam und bestellte ein Outdoorbuch über den Jakobsweg. Das hielten wir zwei Tage später in den Händen. Wir scannten die ersten Seiten, merkten aber schnell, dass die

Karten und Zeichen für Blinde nicht zu deuten waren. Die technischen Möglichkeiten hatten ihre Grenzen. Das Buch enthielt Zeichen für Apotheken, Unterkünfte, Läden und Banken, die wir mit unseren technischen Möglichkeiten nicht entschlüsseln konnten. Ich hatte meine Freundin Bärbel in unseren Plan eingeweiht und sie dolmetschte. Durch ihre Hilfe erfuhren wir viel Wissenswertes. Es gab mehrere Routen und genaue Wegbeschreibungen, wie wir es vom Mobilitätstraining her kannten. Erleichterung machte sich breit. Unser Vorhaben schien zunächst gerettet. Eins stand fest: wir mussten dieses Buch auflesen lassen, um es mitnehmen zu können. In der Kürze der noch verbleibenden Zeit kam dazu nur jemand aus unserem sehenden Bekanntenkreis in Frage. Jens, den Eddie und ich inzwischen auch über unser Vorhaben in Kenntnis gesetzt hatten, lehnte gleich ab und wir fragten Bärbel. Diese sagte sofort zu und ich war stolz auf meine immer hilfsbereite Freundin.

Vieles war noch zu tun. Die Kinder und die Hunde mussten in der Zeit unserer Abwesenheit versorgt werden. Wir benötigten die passenden Schuhe sowie einiges an Outdoorkleidung. Auch sollte herausgefunden werden, welche Bus- oder Zugverbindungen es in Spanien gab, wenn sich Wege auftaten, die Blinde einfach nicht meistern konnten. Die Zeit drängte, die Wochen vergingen unwahrscheinlich schnell und das Ende der Ferien nahte.

„Nehmen wir die Hunde mit?" Dies überlegten wir beide am Anfang noch, verwarfen diesen Gedanken nach unseren Recherchen im Internet aber ebenso schnell wieder. Wir besorgten uns über die Jakobsstiftung Pilgerausweise und erhielten mit ihnen auch einige wichtige und vor allem hilfreiche Unterlagen. So scannte ich den Flyer mit den einzelnen Orten,

Unser Trainer Raimon Jordt mit zwei Hunden

durch die wir kommen würden, Kilometerangaben sowie Informationen über vorhandene Läden, Unterkünfte, Bars und Hotels ein, legte das eingeschaltete Diktiergerät daneben und nahm alles auf eine Kassette auf. Unser Screenreader (Sprachausgabe) machte seine Sache gut. Schließlich konnten und wollten wir Bärbel auch nicht zu sehr in Anspruch nehmen. Damit war eine Etappenplanung möglich.
Eddie und ich sprachen mit Jens, Bärbel und unserer Führhundschule, um Kinder und Hunde vernünftig versorgt zu wissen. Alle drei sagten sofort ja und wir waren unserem Vorhaben ein Stück näher gekommen. Raimon würde die Hunde einen Tag vor unserer Abreise abholen und Jens und Bärbel sich um Haushalt und Kinder kümmern. Die Zwerge hatten ja auch noch zwei große, schon erwachsene Schwestern, wovon eine noch im Haushalt lebte, und einen Großvater, der um die Ecke wohnte.

Nun war die Zeit gekommen, unseren Mobilitätslehrer Jonny einzuweihen, der vor Schreck erstarrte. Zuviel hatte er von Hapes Buch und den schmalen Abstiegen und Gefahren entlang der Straße gehört. Wir berichteten über unsere Recherchen. Das beruhigte ihn sichtlich und er wurde zuversichtlicher. Auch er informierte sich nun ausführlich über den Camino und stand uns mit Rat und Tat zur Seite. Ich hatte nach meiner Erblindung mit Jonny ein Training in Orientierung und Mobilität absolviert und ihm somit sehr viel zu verdanken. Wie sehr hatte ich darunter gelitten, nicht mal mehr vor die Tür gehen zu können, ständig um Hilfe bitten zu müssen, und sei es auch nur, um einmal um den Häuserblock zu laufen. Es gab in dieser Zeit nur einen Gedanken – es musste sich schnellstens etwas ändern. Eddie erging es ähnlich, nur gab es zu der Zeit, als Eddie seine Sehkraft verlor, noch eine Grundrehabilitation in Neukloster. Diese beinhaltete unter anderem das Erlernen der Brailleschrift, ein Mobilitätstraining, welches man natürlich mit dem heutigen nicht vergleichen kann, sowie lebenspraktische Fertigkeiten, also die alltäglichen Verrichtungen. Im Jahr 2008 hatte man leider auch bei den Stunden des Mobilitätstrainings den Rotstift angesetzt und deren Anzahl drastisch gekürzt. Dies bedeutet, dass ein erhöhter finanzieller Aufwand für Assistenzleistungen in diesem Bereich auf Neubetroffene zukommt. Dazu passt die geplante Kürzung des Blindengeldes absolut nicht. Eddie bemerkte sarkastisch: „Nun weiß ich endlich, wozu ein Sozialminister da ist, nämlich um bei den Schwächsten Sozialleistungen einzusparen."
Aber erstmal waren noch Ferien und wir beschlossen, uns mit den Kindern auf einen Ausflug nach Stralsund zu begeben. „Diese Gelegenheit nutzten wir gleich für die Suche nach zwei

Diktiergeräten", meinte ich zu Eddie und so machten wir einen Abstecher zu einem Elektronik-Fachmarkt. Schließlich waren auch Reiseaufzeichnungen angedacht und Eddie und ich konnten schlecht mit einer Punktschriftmaschine und einem Packen Papier im Gepäck über den „Camino Francés" marschieren. Diktiergeräte und Kassetten brachten schon genug zusätzliches Gepäck und damit mehr Gewicht mit sich.
Nun mussten wir endlich leichte und vor allem schnell trocknende Kleidung kaufen. Ebenso würden Brustbeutel, Trinkflaschen und vor allem Multifunktionshandtücher benötigt. Ein Ausflug in ein Outdoorgeschäft stand also an. Auch dort erhielten wir Hilfe und schnell war alles Nötige gekauft. Dann sprachen Eddie und ich wichtige Informationen wie unsere Zugverbindung, Verbindungen in Spanien, Telefonnummern in der Heimat sowie von Unterkünften auf unsere Kassetten und beschrifteten diese halbe Nächte lang.
Eines hatten wir jedoch bei all unseren Vorbereitungen vergessen: die Schulausrüstung für die Kinder. Eilends wurde auch diese besorgt. Die Lehrer hatten Listen ausgegeben, nach denen der Einkauf erfolgen konnte. Die Schule begann und so konnten wir die Vormittage nutzen und uns um Dinge wie eine Auslandskrankenversicherung und vor allem um unsere vielen Termine kümmern. Wir hatten mit unserem Hausarzt, Dr. Freundlich, und unserem Orthopäden über unser Vorhaben gesprochen. Diese befanden es für sehr gut und schickten uns nicht unvorbereitet auf die Pilgertour. Auch dem Zahnarzt statteten wir einen Kontrollbesuch ab.
Dann stand eine Kundgebung in unserer schönen Landeshauptstadt Schwerin an. Die 1. Lesung des neuen Gesetzentwurfes des Landesblindengeldgesetzes war der Anlass. Und schließlich flatterte uns noch vierzehn Tage vor der Abreise

eine Einladung zu einer Mitgliederversammlung und zu einem Parteitag ins Haus. Auch wir sind politisch interessierte und aktive Menschen.

Zunächst bestellte Eddie uns aber Hilfsmittel für unsere Tour, wie einen neuen Blindenlangstock, Anstecker und Armbinde, um uns zu kennzeichnen, einen zweiten taktilen Kompass und Wecker sowie einen Stockjojo. Wir fühlten uns langsam mächtig gestresst und fieberten dem Tag der Abreise entgegen. Für den ersten Tag in St. Jean hatten wir konkrete Pläne und so reservierte uns meine Tochter Melanie für die eine Nacht ein Fremdenzimmer. Deutsch sprach man in dieser Unterkunft nicht, dafür Englisch, welches sie im Gegensatz zu uns sehr gut beherrschte. Wir stellten uns die Gesichter der Wirtin und ihrer Angestellten vor, wenn auf einmal zwei Blinde vor ihnen standen, die nur wenige Brocken Englisch beherrschten. Auch meinten wir, dass es nun an der Zeit war, weitere Freunde und Bekannte über den Grund für unsere lange Abwesenheit zu informieren. Diese fanden unser Vorhaben gut und waren überzeugt, dass wir es schaffen konnten. Es würde zweifelsfrei das Abenteuer unseres Lebens werden, denn es sind wenige blinde Menschen bekannt, die den „Camino Francés" gelaufen sind, und wenn, dann fast ausschließlich in Begleitung eines Sehenden. Eddie und ich aber wollten das allein bewältigen, mit einigen Abstrichen, da wir immer noch keine Lösung für die größeren Städte gefunden hatten, um sie zu durchqueren.

Eines Abends, kurz vor der geplanten Abreise, klingelte Jens an der Tür und meinte ganz aufgeregt: „Macht euch schnell fertig! Im Discounter gibt es Outdoorregenbekleidung, Jacken, Pullis und Lampen." Wir sprangen hoch, rannten zum Auto und fanden mit seiner Hilfe schnell das Passende. Auch

Kopflampen fehlten nicht. Konnten wir auch nichts sehen, so sah man uns wenigstens im Dunkeln. Jetzt hatten wir endlich alles beisammen und unsere dringend benötigte Auszeit konnte beginnen. Nur eine Rückfahrt wurde nicht gebucht. Dies sollte vor Ort in Spanien erfolgen, da wir den genauen Tag einfach noch nicht festlegen konnten. Eingeplant hatten Eddie und ich für unseren Camino zunächst acht Wochen. Wie lange es tatsächlich dauert, würde sich herausstellen und dann konnte der Rückreisetermin festgelegt werden.

Endlich war es soweit. Der Tag, an dem die Hunde geholt wurden, kam heran, die Rucksäcke standen gepackt neben der Tür und wir warteten aufgeregt, dass die letzten Stunden bis zur Abfahrt unseres Zuges vergingen. Zehn Wochen intensiver Vorbereitungszeit lagen hinter uns und nun würde sich zeigen, ob Eddie und ich an alles gedacht hatten.

3 EINE HERAUSFORDERUNG FÜR KÖRPER, GEIST UND SEELE

Der Abschied von den Kindern war viel schwerer als erwartet. Jens brachte uns zum Bahnhof. Jemand von der regionalen Presse erschien, machte ein Abschiedsfoto von uns, stellte noch einige Fragen und schon saßen wir im Zug.
Der erste Etappenort hieß Stralsund, wo ein kurzer Aufenthalt anstand, welchen Eddie und ich für ein schnelles Frühstück nutzen wollten.
In Stralsund angekommen, marschierten wir schnurstracks in die Information, um die genaue Abfahrtszeit unseres Zuges nach Hamburg sowie das Gleis zu erfragen. Die Verbindung war zwar aufgelesen worden, aber niemand von uns beiden verspürte Lust, das Diktiergerät aus dem Rucksack zu holen. Schnell erhielten wir die gewünschte Auskunft und machten uns auf ins Restaurant. Im Bahnhofsfoyer blieb ich plötzlich erschrocken stehen. „Sag mal Eddie.... Hatte die Dame nicht eben etwas von einer Abfahrt um 9.27 Uhr gesagt und einer Ankunft in Hamburg um 12.22 Uhr?" Nach unserem Plan hatten wir aber gute zwei Stunden Zeit zum Umsteigen in Hamburg und für ein Mittagessen, welche wir auch benötigten, um uns dort auf dem Bahnhof zurechtzufinden. Wir drehten um, eilten erneut an den Schalter und ließen uns die gesamte Verbindung bis Frankfurt am Main ansagen. Mit einem Schlag war uns klar, dass wir einen Zug zu spät gefahren waren. Statt den Zug um 6.28 Uhr ab Bergen zu nehmen, fuhren wir eine Stunde später ab. Selbst schuld, wir hätten uns am Abend die Verbindung unbedingt noch einmal anhören sollen. Das bedeutete, dass uns in Hamburg auf dem

Hauptbahnhof nur acht Minuten zum Umsteigen zur Verfügung standen. Das Frühstücken war uns gründlich vergangen. Missmutig hockten wir vor einer Tasse Kaffee und sahen uns im Geiste schon wieder auf dem Bergener Bahnhof. „Camino" ade! Eine Umsteigehilfe über den Mobilitätsservice zu bekommen war unmöglich, denn man muss mindestens zehn Minuten Zeit für das Umsteigen haben. Unter dieser Zeit wurde der Auftrag nicht angenommen. Einen Ausweg gab es eventuell noch, vorausgesetzt, der Zug hatte keine Verspätung. Wir konnten den Zugbegleiter bitten, uns eine Umsteigehilfe über den Hamburger Hauptbahnhof zu besorgen und den Mobilitätsservice außer Acht zu lassen. Also trotteten Eddie und ich wieder los, besorgten uns Platzkarten und stiegen nicht gerade in bester Verfassung in den Zug ein.

Eine Zugbegleiterin erschien und wir trugen ihr, von unserer Panne berichtend, unser Anliegen vor. Sie war sehr nett und meinte: „Ich werde es versuchen und sage Ihnen später Bescheid." Nach einer viertel Stunde erschien sie erneut und teilte uns freudestrahlend mit: „Es ist alles in Ordnung. In Hamburg werden Sie vom Mobilitätsservice in Empfang genommen und zu Ihrem Anschlusszug geführt." Ich bedankte mich.

Der Zug hatte inzwischen gute fünf Minuten Verspätung und wir verkrampften immer mehr. Die Fahrt erschien uns endlos, bis endlich Hamburg-Hauptbahnhof angesagt wurde.

Eine freundliche Dame nahm uns in Empfang, lief im Eiltempo mit uns kreuz und quer, hoch und runter und schon standen wir auf dem Bahnsteig, auf welchem gerade unser Anschlusszug einfuhr. Sie verfrachtete uns in die erstbeste Tür, jemand zeigte uns unsere Plätze und wir ließen uns erschöpft aber glücklich fallen. Nun waren wir wieder in unserem Fahrplan

und merkten irgendwann, dass man uns ein super Ticket verkauft hatte, preisgünstig und alle Züge 1. Klasse.
„Darauf müssen wir anstossen", meinte Eddie zu mir und wir wandelten unser „Frühstück" in ein Mittagessen um und gönnten uns einen Schoppen Wein. Die Ankunft in Frankfurt am Main erfolgte planmäßig und somit stand eine gute Stunde Zeit zum Umsteigen zur Verfügung. Dies stellte für uns kein Problem dar, denn mein Gefährte und ich hatten ja einen Mund, um zu fragen.
Da saßen wir auch schon wieder im Zug nach Paris und Aufregung machte sich bemerkbar. Uns wurde ein gutes Essen serviert und es gab die Möglichkeit, ein Taxi für Paris zu reservieren. Das ließen wir uns nicht zweimal sagen. Schließlich mussten Eddie und ich irgendwie von einem Bahnhof auf den anderen gelangen – und das in einer Weltstadt. In Paris East angekommen, nahm uns der Taxifahrer sofort nach dem Aussteigen in Empfang und lieferte uns an der Information des Bahnhofes Paris Austerlitz ab. Man kontrollierte unsere Tickets sowie die Schwerbehindertenausweise und mit ein bisschen Englisch klappte auch die Verständigung. Uns wurden sofort Umsteigehilfen organisiert. Jetzt hatten wir genug Zeit und konnten in Ruhe einen Kaffee trinken. Wir fragten nach einem Restaurant. Man brachte uns dorthin und bestellte uns sogar den Kaffee. Da es ein milder Abend war, saßen Eddie und ich draußen und wurden plötzlich in unverkennbarem Sächsisch angesprochen: „Hallo, wollt ihr och auf'n Camino?" So machten mein Mann und ich unsere erste Pilgerbekanntschaft, welche aus Dresden stammte und mit dem gleichen Zug reisen wollte wie wir.
Plötzlich stand auch schon die Mobilitätshilfe wieder vor uns, raste los, als wenn es einen Marathon zu gewinnen gäbe, und

verfrachtete uns alle Drei in den Nachtzug nach Bayonne. Wir hatten einen modernen Zug erwartet, stattdessen mussten wir sportliche Höchstleistungen vollbringen, um überhaupt in dieses antike Modell zu gelangen. Drinnen drängten und schubsten die Leute, um ihre Liegewagenabteile aufzufinden. Unser Abteil war mit sechs Personen voll belegt und bot keinen Platz mehr für das Gepäck. Also teilten wir uns mit unseren Rucksäcken die schmalen Pritschen. An Schlaf war bei mir nicht mehr zu denken. Ich fluchte leise vor mich hin und zischelte Eddie zu: „Hätten wir uns nur für die Ruhesessel entschieden!" Die letzte Stunde vor unserer Ankunft verbrachte ich auf- und ablaufend im Gang. Ich konnte unser Etappenziel Bayonne kaum erwarten. Plötzlich stand Eddie neben mir: „Kriegst du auch kein Auge zu? Steffi, ich habe die halbe Nacht lang gegrübelt. Wir beiden Blinden sind jetzt auf dem Weg, um zu pilgern. Wer hätte das einmal für möglich gehalten?" Ich wusste, was Eddie meinte, denn auch wir hatten einmal sehende Ehepartner.
Eddies Frau Martha war ebenso entschwunden wie mein Mann Alf. Wie konnte Eddie auch nur blind werden? Er hatte zahlreiche und lange Aufenthalte in einer Augenklinik hinter sich. Oft erhöhte sich sein Augendruck so spontan, dass eine Notfalloperation nötig wurde. Martha schwebte, anstatt sich für ihren Mann zu interessieren, lieber allein umher und fuhr ab und an mit dem Auto in Richtung Klinik, um ihren Gatten auf eine Zigarettenlänge zu besuchen. Wenn Eddie zu Hause war, zog sie das Ausgehen ihrem Mann und dem Kind vor. Das Ganze ging soweit, dass er ein Weihnachtsfest lieber im Krankenhaus verbrachte als in Marthas Nähe. Es kam unvermeidlich zur Scheidung. Nach dieser zog sie mit dem Kind in die Hauptstadt, machte dort in einem renommierten Hotel

Karriere und zeichnete sich vor allem dadurch aus, dass sie ständig für irgendetwas Geld benötigte. Auch vor einer Sterbegeldversicherung machte sie keinen Halt.

Hätte sich um Eddie nicht eine Freundin der Familie gekümmert, die ebenfalls vom Schicksal schwer gebeutelt war, wer weiß, wo er dann heute stünde.

Alfs Abgang war ganz spektakulär. Er spielte mir bis zum Schluss den liebevollen Ehemann vor und als ich eines Tages von einer Sitzung aus G. zurückkehrte, fand ich zwar völlig aufgelöste Kinder und ein unvorstellbares Chaos aber keinen Alf Kubatzki mehr vor. Alf und ich hatten bei der Eheschließung jeder seinen eigenen Namen behalten. Einen Abschiedsbrief gab es auch noch, dem ich entnehmen konnte, dass er weg sei und ich ihn in dringenden Fällen per E-Mail erreichen konnte. Den Kindern und mir fehlten diverse Dinge, auch Unterlagen, denn geklärt war natürlich absolut gar nichts. Die Welt verstand ich auch nicht mehr und ich versuchte, Kontakt zu ihm aufzunehmen. Vier Tage später bekam ich, anstatt von ihm etwas zu hören, Post von einer Anwältin namens Ella Gierig aus Schleswig-Holstein, die mir mitteilte, dass ich ihn belästigen würde und mir obendrein noch mit einer Klage drohte, wenn ich versuchen sollte, ihn weiter zu erreichen. Auch ließ Alf mir über diese besagte Dame ausrichten, dass wir schon eineinhalb Jahre getrennt gelebt hätten und sie nun prüfen wolle, inwieweit ich mit der Scheidung einverstanden sei. Irgendwie hatte ich wohl diesen Zeitraum im Koma verbracht oder litt an einem, meinen Ärzten nicht bekannten Gedächtnisverlust. Ich wusste ja nicht einmal, wo sich mein so „treuer und liebevoller" Ehemann aufhielt. Natürlich stellte ich das richtig, verlangte mein Eigentum und das der Kinder zurück und konnte auch beweisen, dass es keinerlei

Trennung gegeben hatte. Aber das ließ Alf und seinen Rechtsbeistand völlig unbeeindruckt, obwohl nun klar war, dass er log. Schließlich konnte ich eine schriftlich von ihm gemachte Einlassung gegenüber seiner Krankenkasse beifügen und auf einer einsamen Insel hatten wir auch nicht gelebt.

Ich hingegen bekam kurze Zeit später einen Scheidungsantrag vom Familiengericht aus W., unserem letzten gemeinsamen Wohnsitz, zugestellt, in welchem Alf und seine liebe Rechtsanwältin der Angelegenheit die Krone aufsetzten, indem sie schrieben, dass ich mit allem einverstanden sei. Ein Antrag auf Prozesskostenhilfe seinerseits war ebenfalls beigefügt. Ich fragte mich, was ich nur verbrochen hatte, dass ich so entsorgt werden sollte und wie weit man noch gehen würde? Schließlich hatte ich etwas Gegenteiliges mitgeteilt. Und für diese Unwahrheiten wollte Alf sich dann auch noch Prozesskostenhilfe erschleichen. Das Einzige, was ich nun wusste, war, dass mein holder Gatte in seine Heimat an die Nordsee, zurückgekehrt war. Dort lebten auch seine beiden Kinder aus erster Ehe.

Ganz glaubhaft kann Alf dann doch nicht gewesen sein, denn schließlich wurde ein Termin zur Feststellung des Trennungszeitpunktes anberaumt. Beide sollten wir dazu persönlich in W., dem letzten gemeinsamen Wohnsitz, erscheinen. Kurz vor dem Termin bekam ich wieder ein Schriftstück zugestellt. Der arme Alf verfüge über keinerlei Einkommen und könne somit nicht kommen. Außerdem müsse man bedenken, was für eine schlimme Belastung für ihn ein Zusammentreffen mit mir darstelle. Schließlich hatte ich versucht, mit ihm Kontakt aufzunehmen. Dies alles würde sich sehr negativ auf seinen psychischen Zustand auswirken. Ein Gutachten, welches diese Behauptungen bewies, fehlte mir allerdings. Ich war fassungslos über das, was man da abließ, und fragte mich, ob dies wirklich Realität sei. Aus all diesen Schreiben ging vor allem eins hervor: Was ich doch für ein bösartiger, schrecklicher Mensch wäre und dass ich für alles aufzukommen hätte. Alf hingegen wurde als der reine, unschuldige Engel dargestellt. Doch hatten nicht alle Menschen ihre Fehler und Schwächen? Wie gut, dass es diese eine Ausnahme gab. Ich hingegen verfolgte nach all dem nur noch das Ziel, in die Heimat, auf die Insel zurückzukehren.

Monate später, im Rahmen einer weiteren anstehenden Verhandlung, zu der Alf natürlich auch nicht erschien, erfuhr ich dann, dass er sehr wohl über Einkünfte aus seiner erlernten Tätigkeit als Friseur verfügte und das auch schon zu diesem Zeitpunkt.

Jetzt aber zweifelte scheinbar das Gericht. Ein Brief des Amtsgerichtes W. flatterte ins Haus, mit welchem der anberaumte Termin aufgehoben wurde und Alf binnen einer Woche Beweise über seine Trennungszeitbehauptungen erbringen sollte. Daraufhin zog mein „lieber" Mann über Frau Rechtsanwältin Ella Gierig sang und klanglos die eingereichte Scheidung zurück. Ihrem Berufsstand machte diese Frau nicht gerade Ehre und ich war froh, nicht mehr in meinem Beruf tätig zu sein. Meine Chefs hatten sich, anders als sie, durch Seriosität ausgezeichnet. Diese hätten ihren Mandanten beim Bekanntwerden von Unwahrheiten zur Ordnung gerufen oder das Mandat niedergelegt.

Ich muss schon zum Zeitpunkt der Eheschließung blind gewesen sein und das Sprichwort – Liebe macht blind – traf voll auf mich zu. Ansonsten hätte ich nie einem so feigen, unaufrichtigen Menschen, wie Alf Kubatzki, mein Jawort gegeben. Ebenfalls war mein gesundes Rechtsempfinden nach all dem deutlich angekratzt. Nur über eines bestand inzwischen Klarheit: Diesen Menschen war ich für immer los. Er hatte sich meiner als nicht würdig erwiesen. Denn ein aufrichtiger Mensch hätte die Scheidungsformalitäten und alles, was damit im Zusammenhang stand, ordnungsgemäß mit mir geklärt.

Eddie und ich würden nun den Jakobsweg gehen, auch wenn das kaum ein blinder Mensch, ohne sehende Begleitung, bisher getan hatte. Wir waren uns sicher, dass dies zu meistern sei und wir es schaffen würden. Ganz egal wie, und wenn mein Mann und ich auch einige Wegstrecken per Bahn oder Bus zurücklegen würden. Dringend mussten Antworten auf die großen Lebensfragen: „Quis es? Wer bist du? – Ubi es? Wo bist du? – Quo tendis? Wohin richtest du dich?" gefunden werden. Dem wollten und mussten Eddie und ich nachgehen sowie viele Dinge verarbeiten, um wieder zu uns selbst zu finden.

4 BAYONNE UND ST. JEAN PIED DE PORT

Endlich waren wir in Bayonne angekommen, die Tür wurde geöffnet, man half uns aus dieser Konservendose und brachte meinen Gefährten und mich in einen Raum, damit wir unsere Rucksäcke unterstellen konnten. Dann führte ein Mitarbeiter der Bahn uns in ein herrliches Restaurant, in dem wir ausgezeichnet frühstückten. Der Bahnhof erwies sich als klein und überschaubar.
„Wo ist eigentlich unsere Pilgerbekanntschaft vom Vorabend? Diese wird doch nicht etwa verschlafen haben und fährt jetzt bis Irun durch", wandte ich mich an Eddie, worauf dieser antwortete: „Ich glaube, unser Dresdner hat die Nacht zuvor nicht geschlafen und am Tag die Sehenswürdigkeiten von Paris erkundet. Scheinbar hat er nun das Aussteigen verpasst, denn ansonsten wären wir ihm hier begegnet."
Pünktlich erschienen wir wieder bei den Mitarbeitern des Bahnhofes, um gleich darauf wieder im Zug, diesmal nach St. Jean Pied de Port, unserem Ziel, zu sitzen.
Dort angekommen, hörten Eddie und ich uns die Wegbeschreibung genau an und stiefelten los. Unsere reservierte Unterkunft musste gleich in Bahnhofsnähe sein. Ich holte die ausgedruckte E-Mail aus der Jackentasche und zeigte sie einem Passanten. Hatten wir ein Glück! Mein Partner und ich waren nur um eine Ecke in Richtung Altstadt gegangen und standen genau davor. Man sprach englisch, empfing uns freundlich, und geleitete uns in ein schönes, großes und gemütliches Zimmer. Es war 10.00 Uhr morgens und wir freuten uns auf einen schönen Tag in St. Jean, dem Ort am Fuße der Pyrenäen.

Die 1. Etappe, Rückblick in die Rue de la Citadelle in St. Jean Pied de Port

Zunächst hieß es aber, den Pilgerpflichten nachzukommen. Unsere Wäsche musste gewaschen werden und auch Eddie und ich benötigten dringend ein Bad.
Wir hörten wieder unseren Outdoorführer ab und machten uns auf den Weg zur Pilgerinformation. Dies schien nach der detaillierten Beschreibung absolut kein Problem darzustellen. Die darin besagte Straße war schnell erreicht und Eddie und ich bogen, wie beschrieben, nach links ab. Wir liefen und liefen, begegneten keinen Pilgern und beschlossen nach dem Weg zu fragen. Dies schien unmöglich, denn niemand sprach Englisch, was bedeutete, weiterzumarschieren. Nun hatten wir St. Jean fast verlassen. „Das konnte unmöglich der richtige Weg sein", meinte ich zu meinem Gefährten. Also trabten wir zurück, kamen nach gefühlten Ewigkeiten wieder an

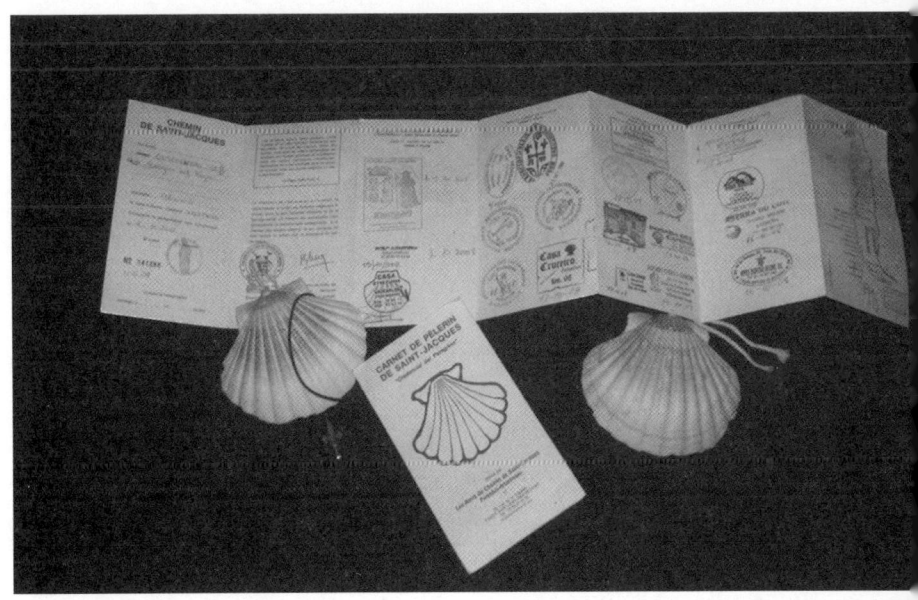

Jakobswegutensilien

die Hauptstraße, fragten erneut und verstanden nichts. Ich wurde immer mutloser und hätte am liebsten aufgegeben. Mit leiser Stimme sagte ich zu Eddie: „Wie sollen wir denn so durch Spanien kommen? Scheinbar leiden wir an maßloser Selbstüberschätzung. Dieses Unternehmen scheint für Blinde einfach nicht realisierbar." Mein Partner schwieg.
Von „Straße überqueren" sagte der Outdoorführer nichts. Eddie und ich taten es nach einigen Überlegungen aber trotzdem, hielten uns links und rannten und rannten. Irgendwann waren Stimmen zu hören und so gingen wir den Leuten einfach hinterher. Der Weg bog nach rechts ab und führte in eine enge, sehr belebte Gasse. Ich sprach den nächsten Passanten an und fragte erneut nach der Pilgerinformation. Wir waren nur wenige Meter davon entfernt und sehr erleichtert. Dort empfing man uns freundlich, radebrechte in Englisch, Französisch

sowie Deutsch und Eddie und ich gelangten schnell zu der Auffassung, das Wichtigste verstanden zu haben. Natürlich vor allem, wo der Jakobsweg langführte, sich ein Lebensmittelgeschäft befand und es Wanderstöcke zu kaufen gab. Dann hielten wir auch schon Pilgerausweise mit dem 1. Stempel in der Hand und auch Jakobsmuscheln für unser Gepäck. Da war uns wohl doch so einiges entgangen, denn wir hatten uns beides bereits in Deutschland besorgt. Aber egal, jetzt konnten mein Gefährte und ich den Weg erkunden, den wir am nächsten Morgen gehen wollten.

Die Strecke über Valcarlos, die sogenannte Fahrradroute, war unser Ziel. Die Napoleonroute erschien uns zu schwierig. Schließlich hatten wir noch Hapes Buch im Ohr. Beide Wege über die Pyrenäen waren gut aufzufinden, ebenfalls die gesuchten Läden. Langsam machte sich Eddies Magen durch lautes Knurren bemerkbar und wir ließen uns in einem kleinen Restaurant nieder. Die Verständigung klappte leider überhaupt nicht und so bestellte ich kurzerhand Steak und Pommes Frites. Das mit den Fritten klappte gut, allerdings – die Steaks hatten es in sich. Leise zischelte ich Eddie zu: „Probier mal dein Steak! Ich habe eine Schuhsohle auf dem Teller!" Die Dinger waren schlichtweg ungenießbar. Wir tranken noch einen Espresso und bummelten mit knurrendem Magen zurück in unsere Unterkunft. Die am Morgen gewaschene Wäsche machte leider, trotz des schönen Wetters, keine Anstalten zu trocknen. Die Luft war viel zu feucht. Wir legten sie im Zimmer über, sprachen unseren ersten Tagebucheintrag auf und gingen noch einmal in den Ort, um etwas zu essen und einen Kaffee zu trinken. Eddie und ich gerieten an einen Ober, der scheinbar selbst sein bester Gast war und erhielten immerhin zwei halbe Tassen Kaffee. Der Rest war schon auf

Blick in die andere Richtung – Route über Valcarlos (die sogenannte Fahrradroute)

dem Tablett gelandet. Seine Fahne verschlug mir schlichtweg den Atem. Immerhin gelang es uns aber, schöne, große Sandwiches zu erstehen, so dass wir nicht hungrig ins Bett mussten. Scheinbar war es für einen Sehenden doch einfacher, ein idyllisches Plätzchen zu finden, denn Eddie und ich hatten St. Jean als laut und lärmend empfunden und uns mehr von diesem kleinen Städtchen am Fuße der Pyrenäen versprochen. Wahrscheinlich waren wir nur wieder einmal zu dusslig, diese zu entdecken. Mit uns und der Welt zufrieden, zottelten mein Freund und ich zurück in unser Quartier und schliefen glücklich mit der Gewissheit, in wenigen Stunden diesen lauten Ort hinter uns lassen zu können, ein.

5   IN DEN PYRENÄEN

Am nächsten Morgen erschienen wir gut gelaunt zum Frühstück, nachdem Eddie unser doch noch ziemlich nasses Hab und Gut verpackt hatte und so einiges am Rucksack baumelte. Auch musste sich unser Gepäck über Nacht vermehrt haben, denn es wollte einfach nicht alles in die Rucksäcke passen. Gegen 10.00 Uhr waren wir endlich soweit und zogen los. Eddie und ich konnten uns Zeit lassen. Das Etappenziel für den ersten Tag hieß Valcarlos. Unser Plan war, es in den ersten Tagen langsam angehen zu lassen und es mit der Kilometerzahl nicht zu übertreiben.

Nach wenigen Kilometern mussten wir feststellen, dass unser Gepäck doch einiges an Übergewicht hatte und mein Lebensgefährte und ich wohl versehentlich den halben Hausrat mit uns rumschleppten. Ebenso entpuppte sich die laut Outdoorführer wenig befahrene Straße als wahrer Highway. Die Autos schossen nur so an uns vorbei. Eddie gelangte lautstark zu der Auffassung: „Der Verfasser unseres Outdoorbuches hat vergessen zu erwähnen, dass man hier nur an Sonn- und Feiertagen langlatschen sollte!" Die Zahl der Lastwagen, die an uns vorbei donnerten, war ziemlich hoch. Als endlich mal für einen Moment ein wenig Ruhe eintrat und wir uns wieder in normaler Lautstärke verständigen konnten und nicht nur brüllend, fassten mein Partner und ich den Beschluss, Rast zu machen und unser Gepäck zu erleichtern. Wir wollten dringend einige Kilos loswerden. Dies nahm ziemlich viel Zeit in Anspruch, denn Eddie musste zunächst das, was er am Morgen in mühevoller Kleinarbeit an die Rucksäcke gebunden hatte, wieder abtüdern. Auch gab es da noch einen so genannten Verpflegungsrucksack. Zunächst wurde dieser

Eddie an der Weggabelung Napoleon- und Valcarlosroute mit dem 2. kleinen Rucksack vor der Brust

entsorgt, in Ermangelung einer Mülltonne im Straßengraben. Zu diesem Zeitpunkt ahnte ich noch nicht, wie sehr mein lieber Mann gerade diesen Verlust in den nächsten Wochen beklagen würde.

Verpflegung enthielt der kleine Rucksack, den Eddie bis dahin vor der Brust trug, an dem Tag nicht. Vielmehr hatten wir die Dinge, die einfach nicht mehr unterzubringen waren, hineingestopft. So kam zum Beispiel eine komplette Wäscheleine ans Tageslicht, die wir nun auch, wie in der Packliste angeraten, zerschnitten und nur zwei kleine Stücke mitnahmen.

Nach einer Stunde war das Werk vollbracht und es konnte weitergehen.

Unsere Rucksäcke waren immer noch nicht viel leichter, nur dass Eddie nicht mehr zwei mit sich herumtrug. Schließlich hatten wir ganze Ladungen voll Magnesium, Pflaster in allen Sorten, Schmerz-, Fieber- und sonstige Pillen dabei. Uns musste entgangen sein, dass es auch in Spanien Apotheken gab. Wir aber hatten gepackt, als ginge es um ein Überlebenstraining im Urwald.

Der Verkehr hatte inzwischen noch zugenommen. So langsam fragte ich mich, warum wir nicht doch die Napoleonroute gegangen waren, denn da wären Eddie und ich ganz sicher anderen Pilgern begegnet. Plötzlich bremste ein Auto und eine Frau sprach uns in unverkennbarem Französisch an. Wir verstanden natürlich nichts. Was wollte sie nur von uns? Da nahm sie mich bei der Hand, Eddie trottete hinterher, und brachte uns an einen Abzweig. Dies konnte nur bedeuten, dass wir hier weitermarschieren sollten. Das taten wir nur zu gern. Endlich Ruhe, was für ein Genuss für unsere Ohren! Eddie erzählte mir von seinem Sturz, den ich bei diesem Autolärm gar nicht bemerkt hatte. Wir rannten nun los, einfach immer der Straße nach, die leider menschen- aber auch autoleer war. Nur zwei streunende Hunde begleiteten uns über mehrere Kilometer.

Der Weg führte immer höher in die Berge hinauf. Schafe blökten. Ab und an gewannen wir den Eindruck, an einzelnen Gehöften vorbeizukommen. Eddie schlug eine kurze Rast vor. Am Rand einer Schafweide ließen wir uns nieder. Einer der beiden Hunde wuselte um uns herum. Ein liebes, zutrauliches Tier, welches ich am liebsten mitgenommen hätte. Eddie wandte sich mir zu: „Steffi, stell dir vor, wir beide sind

wirklich in den Pyrenäen. Wie das hier wohl aussehen mag?"
Ich erwiderte: „Saftige, grüne Weiden mitten in den Bergen, Bäume und dazwischen immer mal ein Haus, aus dessen Schornstein Rauch emporsteigt." Meine Fantasie kannte keine Grenzen und Eddie ging darauf ein. Wir genossen die Stille in den Bergen in vollen Zügen.
Ich holte unser Diktiergerät mit der Routenbeschreibung aus dem Rucksack und Ratlosigkeit machte sich breit. Diesen Weg kannte unser Outdoorbuch nicht. Also weiter, bergauf, bergab, immer der Nase nach. Irgendwann mussten mein Partner und ich doch wieder in die Zivilisation gelangen.
Waren wir nun immer noch in Frankreich oder schon in Spanien? Die Sonne schien und unsere Stimmung war gut, bis wir an einen Abzweig mit drei Weggabelungen gelangten. Welchen Weg sollten wir bloß gehen? Nach unserem taktilen Kompass kamen zwei der drei Wege in Frage. Plötzlich meinte Eddie: „Komm, wir nehmen den mittleren, von dort kommt ein Auto!" Nach einiger Zeit hörten wir auch unsere vielbefahrene Straße wieder. Eddie und ich mussten also den richtigen Weg eingeschlagen haben.
Jetzt dauerte es auch nicht mehr lange und wir kamen zu einem großen Einkaufszentrum, welches in uns, da es mitten in der Pampa stand, den Eindruck eines Forts erweckte. Ich sprach einen Herren an und fragte englisch und deutsch, wieviele Kilometer es noch nach Valcarlos seien. Da ich nichts verstand, ließ ich mir die Kilometerangabe in die Hand schreiben, natürlich mit dem Finger. Ein Kilometer – unsere Freude war groß. Hunger hatten wir inzwischen auch, also auf ins Restaurant. Der Essensduft war uns schon vorher in die Nase gestiegen. Da es erneut Verständigungsprobleme gab, entschieden Eddie und ich uns für Pommes und Sandwiches und

waren erschrocken, was da plötzlich alles vor uns stand. Wir stopften die Fritten in uns hinein, der Hunger war gewaltig, ich zahlte und nahm unsere Riesensandwiches für den Abend mit. Bis Valcarlos war es ein Katzensprung.

Plötzlich fing es an zu regnen. Eddie klopfte einfach an eine Tür, um nach einer Unterkunft zu fragen. Nichts rührte sich. Da eilte eine Frau zur Hilfe und schon konnten wir ein Quartier im typisch französischen Stil beziehen. Eddie und ich hatten natürlich eher an den spanischen Stil gedacht, aber sagten uns dann wiederum, dass wir ja unmittelbar hinter der Grenze seien. Hatten mein Freund und ich in St. Jean Pied de Port noch eine Heizung gehabt, war diese hier leider nicht in Betrieb und wir froren erbärmlich. Die immer noch feuchten Sachen breiteten Eddie und ich aus, tranken ausgiebig Kaffee und erkundeten die Strecke für den nächsten Tag.

„Das ist aber merkwürdig," meinte ich. „Der Ort gestaltete sich völlig anders als in unserem Outdoorführer beschrieben." Worauf Eddie sagte: „Steffi, dieser Führer hat uns ja schon in St. Jean verlassen." Und so maßen wir dem einfach keine weitere Bedeutung bei. Einen Laden, in dem es Getränke gab, fanden mein Partner und ich leider nicht. Dafür aber eine Tankstelle. Der Tankwart sprach ein wenig Englisch und ich staunte nicht schlecht, als er mir eröffnete, dass es bis Valcarlos noch drei Kilometer wären, wo man auch das von uns begehrte Mineralwasser mit Kohlensäure bekäme. Roncesvalles lag noch gute 20 Kilometer von hier entfernt. Der Name dieses Ortes würde Arneguy lauten und gehöre zu Valcarlos. Das konnte wirklich nur Blinden passieren, denn ein Sehender hätte das Ortseingangsschild lesen können und den Stempel im Pilgerpass. Ich übersetzte Eddie unser Gespräch, der nun ebenfalls lachte. Auf das Wäsche waschen mussten wir an diesem Tag verzichten, da die anderen Sachen einfach nicht trocknen wollten. Stattdessen gönnten Eddie und ich uns am Abend unten in der Bar zwei Gläschen Rotwein und waren stolz auf unsere vollbrachte Leistung. Eins stand fest, durch den Umweg hatten wir einige Kilometer mehr zurückgelegt und meinten nun zu wissen, wie es sei, durch die Pyrenäen zu marschieren.

6 ANGST

Guter Dinge zogen wir am Morgen nach einem spartanischen Frühstück wieder los. Dass es anstatt Teller nur Servietten gab, war uns schon in St. Jean aufgefallen. „Andere Länder, andere Sitten!", sagten wir uns. Es goss in Strömen und Eddie und ich hatten unsere schweren Bundeswehrcapes übergestreift. Diese Etappe begann mit einem steilen Anstieg und erst jetzt merkten wir, was es wirklich bedeutete, die Pyrenäen zu überqueren, zumindest auf dieser Route. Mein Freund und ich stiefelten auf einer engen Straße, von einer Serpentine in die andere. Oft fehlten Leitplanken und die Autos, vor allem wieder die großen Laster, rasten an uns vorbei. Links neben uns ging es steil in die Tiefe. Die Kapuzen unserer Capes mussten wir absetzen. Das Gehör wurde zu sehr beeinträchtigt. Nach einigen hundert Metern ging Eddies Blindenlangstock entzwei, den wir einfach in die Tiefe warfen. Wir hatten Reserve dabei und waren auch im Besitz zweier Wanderstöcke. Ich hatte mich für ein Ultraleichtmodell entschieden und Eddie für ein stabiles aus Echtholz, welches für mich zu schwer war. Unsere Nerven lagen blank, und immer, wenn sich uns ein LKW näherte, schlotterten wir vor Angst. Schweißperlen liefen über unsere Gesichter und brannten in den Augen. Die Straße war teilweise so eng, dass gerade zwei große Autos aneinander vorbeikamen und wir dicht am Abgrund standen, um die Fahrzeuge passieren zu lassen.
Unser Plan stand fest: bis Valcarlos und nicht weiter. Alles andere würde sich finden. Eddie und ich liefen voll konzentriert dicht hintereinander, tasteten genau, wohin wir traten, um nicht doch aus Versehen abzudriften und auf die Straße oder in den Abgrund zu geraten. Es war eine Tortur! Erleichterung

Leider gibt es auf der Fahrradroute über Valcarlos nach Roncesvalles kaum Seitenstreifen für laufende Pilger

machte sich erst breit, als mein Mann und ich nach, wie es uns schien, Ewigkeiten, endlich Valcarlos erreichten. Wir liefen ein Stück in den Ort hinein, in welchem es, da keine Gehwege vorhanden, genauso gefährlich war wie auf der Straße, bis Eddie wieder einfach an eine Tür klopfte, um nach einer Unterkunft zu fragen. Diese war innerhalb weniger Minuten gefunden und eine freundliche Señora führte uns, dabei unaufhörlich redend, ins Haus.
Die nette Dame namens Carmen nahm uns die nassen Capes ab und brachte Eddie und mich eine enge Holztreppe hinauf in ein Gästezimmer. Da standen wir nun voller Erleichterung und vor allem sicher. Dieses Risiko wollten wir auf gar keinen Fall noch einmal eingehen und uns unnötigerweise in Gefahr begeben. Kaum hatten wir unsere Rucksäcke abgelegt

In den Pyrenäen

und die immer noch feuchte Kleidung auf Kleiderbügel an den Schrank gehängt, klopfte es. Eine Dame fragte uns auf Deutsch: „Hallo, ich soll fragen, ob Sie gern ein zweites Frühstück hätten?" Wir bejahten freudig und sie meinte: „Ich sage nur schnell Bescheid und bin dann gleich wieder bei Ihnen." Wir kamen ins Gespräch und sie erzählte, dass sie seit vielen Jahren in den USA lebte, da sie mit einem Amerikaner verheiratet sei, dass beide ganz gut Spanisch beherrschten und für zwei Tage Gäste in diesem Haus gewesen wären. Ebenso erfuhren wir, dass das Haus gute fünfhundert Jahre alt sei und von Carmen und ihrem Mann Juan liebevoll wieder hergerichtet worden war. Der Mann dieser netten Dame gesellte sich zu uns und nach einer halben Stunde reisten beide ab. Auch sie wollten ihren Aufenthalt in Europa nutzen, um ein Stück des Jakobsweges zu laufen.

Unser „Casa Museum" in Valcarlos

Anschließend mussten wir unser Zimmer erkunden. Was war denn das? Überall Kissen, Plüsch, Lämpchen, Deckchen und hinter einer spanischen Wand ein BD samt Waschbecken. Ein Himmelbettchen mit Spitzen, Rüschchen und viel Tüll fehlte auch nicht. Wir waren scheinbar in einem Museum gelandet und tauften diese Bleibe einfach „Casa Museum". Ich ließ mich lachend auf das Sofa plumpsen, um gleich wieder mit einem lauten: „Au, was ist das denn?" aufzuspringen. Irgendetwas piekte fürchterlich in meinem Rücken. Es stellte sich heraus, dass es sich um eine Nadel handelte, mit der ein Spitzendeckchen auf der kleinen Couch befestigt war. Unser Waschzeug und was sonst noch nötig war, breitete ich einfach auf dem Boden aus, denn ansonsten war kein Platz dafür.
Ein Bad hatten wir auch noch nicht entdeckt. Eddie und ich zogen los, schlichen über den Flur und fanden eine offene Tür.

Langsam tasteten wir uns vor. Es handelte sich um das Badezimmer. Sehr groß, ebenfalls mit viel Nippes, Pflanzen, Figürchen und großen Statuen. An der Seite stand eine Badewanne mit einem Spitzenvorhang, völlig unpraktisch zum Duschen. Einen Stöpsel für die Wanne gab es natürlich nicht. Dahinter, durch einen kleinen Mauervorsprung getrennt, fanden wir auch die Toilette. Das Wort Thron war hier wörtlich gemeint. Das stille Örtchen stand nämlich auf einer Erhöhung.
Eddie verließ das Bad und ich besuchte den Thron. Beim Aufstehen habe ich wohl einen Schritt zu weit vor gemacht und stürzte ab. Zum Glück fand ich Halt an den gegenüberstehenden Schränken, in denen die beiden Waschbecken eingebaut waren. Das Casa „Museum" hatte eben seine Tücken. Ich ging zurück ins Zimmer und hatte Eddie kaum auf die bestehende Absturzgefahr hingewiesen, als Carmen auch schon rief. Bei einem guten und nicht typisch spanischen Frühstück unterhielten wir uns lebhaft. Was machte das schon, wenn einer den anderen kaum verstand. Es gab Hände und Füße und so lernten wir unsere ersten Spanischvokabeln. Natürlich solche, die wir nicht unbedingt für den Camino benötigten.
Da in dieses antike Zimmer wohl noch nie ein Sonnenstrahl gedrungen war, die Heizung auch hier außer Betrieb, machten wir uns auf die Socken, um den Ort zu erkunden. Nun passte auch die Beschreibung unseres Outdoorführers und der Weg nach Roncesvalles war einfach zu finden. Vor uns tat sich erneut eine enge, vielbefahrene Straße mit Serpentinen auf und ich meinte: „Eddie, das tun wir uns nicht an. Ich spreche morgen mit Carmen. Die restlichen Kilometer nach Roncesvalles fahren wir mit dem Taxi."
Also liefen wir in strömendem Regen zurück in die Unterkunft. Nach eineinhalb Stunden in dem eiskalten „Museumszimmer"

waren wir so durchgefroren, dass nur noch die Flucht in Frage kam. Auch der strömende Regen spielte dabei keine Rolle. Eddie und ich dachten wehmütig an unser warmes Zuhause und bekamen ein wenig Heimweh. Carmen hatte uns ein Restaurant empfohlen, nur gab es hier die spanischen Menüzeiten, was bedeutete, dass wir noch viel Zeit hatten.

Endlich war es soweit und wir kehrten dort ein, um zu Abend oder besser zur Nacht zu essen. Eine Stunde sollten wir uns noch gedulden. Bereits nach 30 Minuten erstickten Eddie und ich fast im Zigarettenqualm und japsten nach Luft. Da blieb nur noch eins, zahlen und davon rennen. Das Essen war uns gründlich vergangen. Außerdem verfügten wir noch über einen Notvorrat an Keksen.

Im Haus angekommen, wünschten uns Carmen und Juan eine gute Nacht. Sie wollten „Amigos" besuchen. Wir stopften auf dem Bett hockend Kekse in uns hinein, tranken dazu ausgelaugte Cola und stolzierten ins Bad. Dort duschten wir vorsichtig, um nicht das ganze Bad zu wässern, denn ein Spitzenvorhang ist leider sehr durchlässig. Eddie stieg aus der Wanne und im selben Moment hörte ich es auch schon poltern und knallen. Was jetzt? Beim Abtrocknen war Eddie an Körbchen mit diversem Nippes gestoßen und hatte alles auf den Boden befördert. Nun kroch er halb nass im Adamskostüm auf dem Boden herum und tastete nach den Körben und Fläschchen. Ich lachte und Eddie spöttelte: „Lauter kleine Flaschen, wer weiß, welchen Inhalt die Dinger haben? Nicht dass da ein Narkotikum oder ein Aphrodisiakum drin ist. Das wirst du dann schon merken, falls du darauf trittst! Also störe mich lieber nicht."

Wir zogen uns an und wollten noch einen Moment die milde Abendluft genießen. Die Haustür war zu. Man hatte uns einfach eingeschlossen. So legten wir uns in das viel zu kurze Bett und schliefen auch schnell ein. Irgendwann in der Nacht wachte ich auf, da ich entsetzlich fror. Wo war nur die Decke? Ich suchte, fand sie schließlich und versuchte daran zu ziehen. Da raunzte Eddie mich auch schon an: „Nun, warte doch mal!" Die Stimme kam von unten. Eddie war aus dem Bett gefallen. Als er wieder neben mir lag, warf ich mich wütend auf die andere Seite und giftete: „Um deine Rübe wäre es ja nicht schade, aber das antike Nachtschränkchen und die Lampe sind von Wert!"

7 RONCESVALLES UND BURGUETE

Am nächsten Vormittag erschien pünktlich ein Freund der Familie und brachte uns nach Roncesvalles. Er setzte uns im „Casa Sabina" ab, stellte zwei Tassen Kaffee auf den Tisch und verabschiedete sich. Die Bar war brechend voll. Als Eddie noch einen weiteren Kaffee bestellte und nach einer Unterkunft fragte, teilte man uns mit, dass in Roncesvalles kein freies Bett zu finden sei. Ausgerechnet an diesem Wochenende fand dort ein Marathonlauf statt. Der Besitzer der Bar riet uns weiterzulaufen nach Burguete. Die Sonne schien, es wurde langsam heiß und wir machten uns gutgelaunt auf den Weg. Unterwegs fassten Eddie und ich den Entschluss, das Wochenende dort zu verbringen und am nächsten Tag die geschichtsträchtige Klosteranlage von Roncesvalles zu besichtigen. Außerdem wollten wir das Pilgerkreuz sowie das „Cruz de Roldan", auf deutsch „Rolandkreuz", erkunden.
Unser Ziel war schnell erreicht. Burguete ist ein kleiner, gemütlicher Ort, der direkt zum Verweilen einlädt. Wir bummelten die Hauptstraße entlang. Plötzlich stieß ich an einen kleinen Schaukasten, welcher an einer Häuserwand hing. Es konnte sich somit nur um ein Hotel oder ein Restaurant handeln. Eddie und ich suchten die Tür und klopften. Eine alte Frau öffnete, brabbelte irgendetwas Undefinierbares und knallte uns die Tür vor der Nase zu. So zogen wir weiter und erkundeten ein wenig den Ort. Schließlich machte Eddie mich auf spielende Kinder aufmerksam, welche wir sogleich nach einem Casa (Fremdenzimmer) befragten. Kurzerhand packten diese meinen Freund und mich an den Händen und schoben uns

Roncesvalles – hier das Hostal Sabina, in welchem Hape Kerkeling übernachtet hat

wenig später durch eine Tür. Eine freundliche, englisch sprechende Frau empfing Eddie und mich und führte uns in einen großen Aufenthaltsraum für Pilger. Es war gerade Mittag und wir nutzten die Zeit, uns richtig mit der Umgebung vertraut zu machen. Am Nachmittag konnten mein Mann und ich das Zimmer in Augenschein nehmen. Es war modern, gemütlich und zweckmäßig eingerichtet, allerdings wieder schrecklich kalt. Wir aber sagten uns, dass Pilgern eben auch Läuterung bedeutet. Ich wusch sofort unsere Wäsche, die Eddie anschließend notdürftig überall im Bad verteilte.

Am Abend gingen wir in das Hotel „Burguete", in dem einst schon Ernest Hemingway logierte. Seit vier Tagen hatten mein Mann und ich außer ein paar Fritten nichts Warmes mehr gegessen. So gönnten wir uns ein Menü und sprachen

Die fensterlose unsanierte Pilgerunterkunft in Roncesvalles, Teil der sanierten Klosteranlage

dem dunkelroten, schweren Wein gut zu. Eddie und ich konnten es kaum fassen – allein in Spanien in besagtem Hotel, welches wir aus unseren Recherchen gut kannten und unbedingt aufsuchen wollten, zu sitzen. Träume blieben eben doch nicht immer nur Schäume. Wir unterhielten uns über die Zeit, als aus Steffi und Eddie ein Paar wurde und waren einfach nur glücklich, uns gefunden zu haben.
Um Mitternacht traten wir lachend und albernd den Heimweg an. Eisige Kälte umfing uns beim Verlassen des Hotels. Im Sturmschritt sausten mein Partner und ich los, nur wo war das Casa? Die besagte Straße wollte sich einfach nicht finden lassen und so zottelten wir vom Ortsausgang, wo sich das Hotel befand, bis fast zum Ortseingang. Ich grübelte, welche Orientierungspunkte es gäbe. Nach einer Weile fiel mir die

Unsere Pilgerunterkunft in Burguete

Bar um die Ecke unserer Unterkunft ein und wir stürmten erneut los. Es dauerte nicht lange und mein Gefährte und ich fanden uns in unserem eiskalten Zimmer wieder und fielen todmüde ins Bett. Eddie, der sich nicht an die spanische Art des dünnen Lakens und der Decke darüber gewöhnen konnte, lag noch kurz strampelnd im Bett, immer vor sich hin blubbernd: „Ach du meine Güte, dieser Tüll hier." Es erfolgte fortan jeden Abend das gleiche Ritual. Wir schliefen schnell ein und wachten schon nach kurzer Zeit völlig durchfroren wieder auf. Zum Glück hatte Eddie zuvor im Schrank noch Decken gefunden, so dass schnell Abhilfe geschaffen werden konnte. Auf die Idee, dass jeder von uns einen Schlafsack mit sich herumschleppte, kam niemand von uns beiden.
Am Morgen wärmten wir uns unter der Dusche richtig auf. Im Aufenthaltsraum dieser gemütlichen Pension erwartete

uns bereits der Hausherr mit dem typisch spanischen Frühstück, welches aus fast verbranntem und sehr hartem Toast, Café con Leche sowie etwas Margarine und Marmelade bestand. Anschließend nahm er Eddie und mich mit vor die Tür und ließ uns die zugefrorenen Scheiben seines Autos fühlen. Es war bitterkalt, aber die ersten Sonnenstrahlen lugten hervor und es versprach ein schöner Tag zu werden. So machten wir uns langsam auf den Weg nach Roncesvalles. Dort herrschte ein reges Treiben. Busse voller Touristen waren vorgefahren, so dass wir uns entschlossen, zunächst die Pilgerinformation aufzusuchen, um anschließend die gesamte Klosteranlage zu erforschen.

Bei unserem Rundgang bemerkte ich ziemlich schnell das Museum, welches wir ja unbedingt „besichtigen" wollten. „First you have to buy some tickets!", teilte uns ein netter Herr auf Englisch mit. Aber Eintrittskarten kaufen war leichter gesagt als getan. Eddie und ich fanden die Pilger- und Touristeninformation sowie einen kleinen Andenkenladen, in dem viele deutsche Touristen nach Mitbringseln suchten. Diese hatten zuvor das Museum besucht. Ich fragte nach dem Ticketschalter, bekam aber keine Antwort. Die Damen und Herren Rentner ignorierten uns einfach nach dem Motto: „Blind gleich blöd." Diese Erfahrung hatten wir schon des Öfteren im Leben gemacht und so zogen Eddie und ich unverrichteter Dinge davon. Sollte das Museum doch auf unseren Besuch verzichten.

Die Sonne stand jetzt hoch und es war heiß geworden. Wir saßen auf der Terrasse des Casa Sabina, genossen das schöne Wetter und lauschten dem Treiben um uns herum. Am Nebentisch hatten drei deutsche Fahrradpilger Platz genommen. Mein Lebensgefährte und ich konnten dies aus ihrem

In Burguete

Gespräch entnehmen. Es handelte sich um Großvater, Sohn und Enkel. Ihr Auftreten war fürchterlich arrogant und wir beschlossen, kein Wort mehr zu sagen, damit man uns nicht als Deutsche outen konnte. Sie fuchtelten mit einem Höhenmesser und diverser Technik deutlich hörbar herum, fachsimpelten über die Höhe, auf der wir uns befanden, und einer versuchte den anderen an Wissen zu übertrumpfen. Dass Roncesvalles 1066 Meter hoch liegt, kann man in jedem Outdoorführer nachlesen, aber mit so einem simplen Buch gaben sich solche Herren natürlich nicht ab. Nach einer guten Stunde brachen die drei Radpilger wieder auf und Eddie meinte lachend: „Was meinst du, ob die auch noch ein Hydro-, Baro- und Thermometer mit dabei haben?"
Wir tranken noch einen Kaffee, genossen die Sonne, zahlten und bummelten noch einmal durch die Klosteranlage.

Irgendwo mussten doch die Pilger, welche über die Napoleonroute gegangen waren, herauskommen. Nach langem hin und her wurden wir fündig und liefen ein Stück dieser doch sehr beschwerlichen Route in Gegenrichtung. Plötzlich sprachen Eddie und mich zwei Pilger an, um uns Hilfe anzubieten. Lachend verneinten wir und machten uns auf den Rückweg. Kaum aus Roncesvalles herausgekommen, wechselten wir die Straßenseite, um das Pilgerkreuz zu ertasten. Dazu hielten mein Gefährte und ich unsere Stöcke weit über den Straßenrand hinaus und Eddie äußerte lachend: „Wer uns beobachtet, muss doch denken, dass wir Wünschelrutengänger sind und nach Wasser suchen." Es dauerte nicht lange und das Kreuz war gefunden. Jetzt hieß es wieder die Straße zu überqueren, um ein Foto zu machen. Zu unserem Gepäck gehörte Melanies kleine Kamera, deren Handhabung recht einfach war, wenn wir mit der Automatikeinstellung fotografierten. Allerdings hatte keiner von uns beiden so rechtes Interesse am Fotografieren, da es Fotos leider noch nicht in taktiler Form gab und ein Blinder nun einmal nicht weiß, ob die Bilder überhaupt etwas werden und was er da so aufnimmt. Schon die Tage zuvor hatten Eddie oder ich die Kamera wahllos in die Pampa und in unsere Unterkünfte gehalten.

Langsam bummelten wir in Richtung Burguete zurück und waren in Hochstimmung. Unterwegs konnten mein Mann und ich sogar Wegweiser und Inschriften ertasten. Zum Teil war die Schrift eingemeißelt oder eingeritzt. Nur ich hatte ein großes Handicap. Die Bügel meiner Sonnenbrille, welche ich aus kosmetischen Gründen trug, waren verbogen und so rutschte mir diese ständig von der Nase. Eddie – ganz Kavalier – bot mir seine an, was ich nur zu gern annahm.

Unser Ehrgeiz nahm zu, auch das „Rolandkreuz" zu finden.

Inschrift am Fuße des Rolandkreuzes

Wir waren inzwischen mächtig ins Schwitzen geraten. Unsere preiswerten sogenannten Outdoorjacken erwiesen sich als wahre Pferdedecken und waren alles andere als atmungsaktiv. Als der Waldweg sich zu lichten begann, verfielen wir wieder in die Position von Wünschelrutengängern und fanden auch das „Cruz de Roldan". Auch hier war die Inschrift auf einer Tafel eingemeißelt, so dass sie uns zugänglich war. Der Ort Roncesvalles ist sehr geschichtsträchtig. Hier fand die Schlacht statt, auf die sich das Rolandslied bezieht. Karl der Große wurde bei seinem Rückzug am Ibaneta-Pass überfallen und die Gefallenen wurden in Roncesvalles beigesetzt.
Der Tag ging zur Neige. Wir suchten in Burguete die Bar in der Nähe unserer Unterkunft auf, aßen und tranken etwas und trafen auf die beiden Pilger, welche uns in Roncesvalles

Auf dem Weg von Roncesvalles nach Burguete, das Kreuz ist das „Cruz de Roldan", deutsch Rolandkreuz

ihre Hilfe angeboten hatten. Eine angeregte Unterhaltung begann und so langsam machte sich in uns Unruhe breit, denn am nächsten Tag würden wir weiterziehen, und damit war Pamplona nicht mehr weit. Dort wollten Eddie und ich in ein bis zwei Tagen einfliegen. Bisher hatte sich uns noch keine Lösung aufgezeigt, wie wir diese große Stadt meistern sollten. Am folgenden Morgen brachen mein Lebensgefährte und ich gleich nach dem Frühstück auf. Burguete zu verlassen und den weiteren Weg zu finden, war absolut kein Problem. Aus allen Ecken strömten Pilger herbei und wir staunten, dass es in Burguete so viele Unterkünfte gab.

8 NICHTS ALS ZWEIFEL

Hilflos standen wir in Pamplona, einer fast 200 000 Einwohner zählenden Stadt, auf einem riesig erscheinenden, unterirdischen Busbahnhof. Eddie und ich hatten es anderen Pilgern gleich getan, waren in der schier endlosen Vorstadt Pamplonas in den Bus gestiegen und befanden uns nun auf dem zentralen Busbahnhof inmitten der Altstadt. Die anderen hatten ihr Gepäck genommen und waren zielgerichtet davon geeilt. Angestrengt hörten wir in den Lärm hinein, den die an- und abfahrenden Busse verursachten, und konnten uns nicht orientieren. Panik machte sich breit und wir fühlten uns völlig hilflos und ausgesetzt. Auf die Idee, sich das ganze selbst eingebrockt zu haben, kam niemand von uns beiden. Viel zu sehr waren mein Partner und ich damit beschäftigt, uns zu bedauern.

Eins stand fest, wenn wir noch lange so standen, bestand die Gefahr, Wurzeln zu schlagen. Also los! Eddie und ich rannten völlig kopflos kreuz und quer und erkundeten somit einen Bussteig nach dem anderen. So ging es nicht weiter. Wir mussten uns entscheiden und liefen erneut los, diesmal in nur eine Richtung, stiegen von einem Steig zum anderen und landeten schließlich vor einer Wand. Eins begriffen mein Mann und ich schnell, der Busbahnhof war rund. Also weiter! Nach einer halben Ewigkeit hörten wir endlich Türgeklappe und eilten dorthin. Eine große Halle erwartete uns, die es jetzt zu erkunden galt. Nichts als Ticketschalter und keine Information. Ohne Spanischkenntnisse ging hier gar nichts. Ich war den Tränen nahe und jammerte leise vor mich hin, wollte nur noch nach Hause und würde ganz sicher nie wieder allein in der Fremde umherirren. Mein Partner sagte gar nichts mehr, auch ihm ging es schlecht.

Als wir uns wieder ein wenig gefasst hatten, liefen Eddie und ich erneut in Richtung Tür. Von rechts waren wir gekommen. Also tasteten mein Gefährte und ich uns nunmehr in die linke Richtung, immer an der Wand entlang, weiter. Nach einigen Metern standen wir erneut vor einer Tür. Was uns jetzt wohl hinter dieser erwartete? Wir öffneten sie, bemerkten einen deutlichen Luftzug, hörten Straßenlärm und waren an einem Taxistand angekommen. Ich atmete auf, holte völlig erleichtert unser Unterkunftsverzeichnis aus meiner Jackentasche, hielt es einem Taxifahrer vor die Nase und fragte nach dem „Casa Paderborn". Dies ist eine Pilgerunterkunft, welche von Deutschen geführt wird. Das Taxi setzte sich, nachdem unsere Rucksäcke verstaut und wir Platz genommen hatten, in Bewegung. Aber was war das? Verwundert stiegen wir nach wenigen Minuten aus dem Taxi. Wir waren ein Stück geradeaus, dann um zwei Ecken gefahren und sollten schon da sein? Der Fahrer brachte uns zu einer Tür und verabschiedete sich mit den Worten: „Casa Paderborn, Adios, Buon Camino." Eddie und ich klopften. Gleichzeitig tauchte ein Mann neben uns auf, der freundlich von der Hospitalera in Empfang genommen wurde. Auch wir wurden nun herzlich von den beiden begrüßt. Der Herr gab erst Eddie, dann mir die Hand und sagte: „Mein Name ist Paul." Zunächst stellten wir unsere Rucksäcke unter und wollten einen Optiker ausfindig machen. „Ich kann euch gerne dabei helfen und euch gleichzeitig noch etwas über Pamplona erzählen", bot Paul seine Hilfe an, die wir dankbar annahmen. Wir wunderten uns über seine guten Deutschkenntnisse und taten das auch lautstark kund. Paul lachte und erwiderte: „Ich bin Deutscher,

Steffi und Eddie vor dem Casa Paderborn in Pamplona

lebe aber schon über dreißig Jahre hier und bin mit einer Spanierin verheiratet." Das erklärte, warum er manchmal nach deutschen Vokabeln suchte.
Meine Brille war schnell gerichtet und wieder im „Casa Paderborn" angekommen, tranken wir zusammen mit unserem netten Begleiter in dem kleinen Garten Kaffee. Bevor er sich verabschiedete, bot er uns für den späten Nachmittag eine Stadtführung an. Zunächst mussten mein Partner und ich allerdings auf Nahrungssuche gehen. Wir fragten die Hospitalera, die sich uns als Marianne vorgestellt hatte, wo derartige Geschäfte zu finden seien. Das Nötigste war innerhalb kurzer Zeit besorgt und Eddie und ich machten es uns erneut im

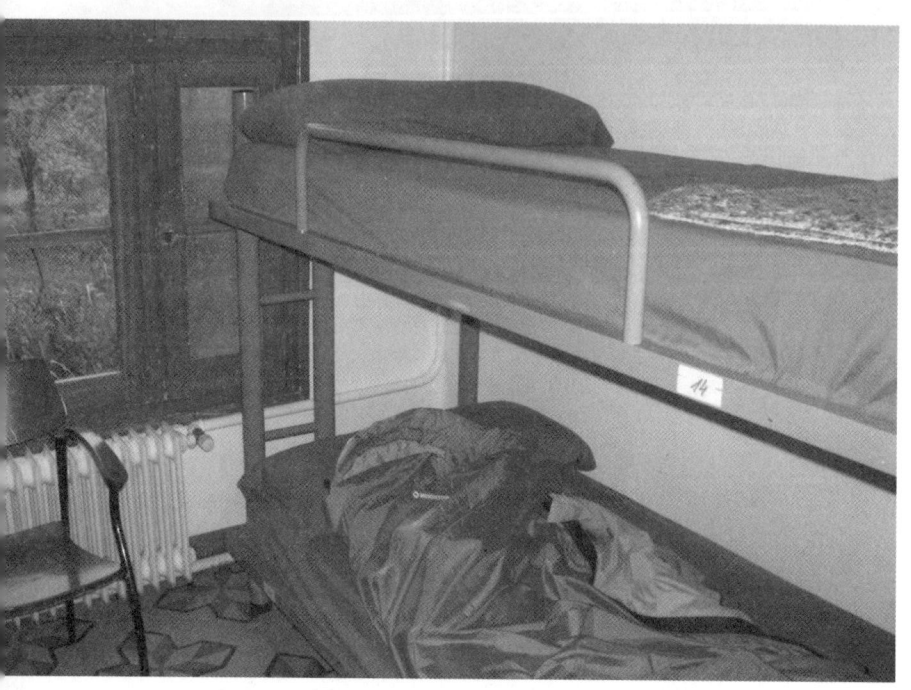

Unser Schlafraum im „Casa Paderborn"

Garten der Herberge gemütlich. Ein weiterer Pilger gesellte sich dazu. Er hieß Maik und kam ebenfalls aus Deutschland. Nun picknickten wir zu dritt und unterhielten uns dabei lebhaft. Jeder Mensch hat seine persönlichen Beweggründe, den Camino zu gehen, so auch Maik. Er war Anfang 30, hatte sich gerade mit einer Schreinerei selbstständig gemacht, als er an Leukämie erkrankte. Wir redeten sehr offen und waren erschüttert über sein Schicksal, aber auch voller Bewunderung, wie er damit umging.

Gegen Abend tauchte Paul wieder im „Casa Paderborn" auf. Die Runde der Pilger hatte sich stark vergrößert und das Albergue war bis auf das letzte Bett besetzt.

Wir gingen in die Altstadt und Paul erzählte uns viel über die

Das tastbare Denkmal in Pamplona, welches das Stiertreiben darstellt

Stadt Pamplona sowie über Spanien. Auch ließ er uns tastbare Dinge, wie ein Denkmal, welches das Stiertreiben darstellte, fühlen und so wurde es ein überaus interessanter Ausflug. Weiterhin bekamen wir den ersten Kontakt zu einem blinden Spanier, der als Losverkäufer arbeitete. Paul fungierte dabei als Übersetzer. Ich allerdings fühlte mich trotz allem in Pamplona nicht sonderlich wohl, da ich nun so viel über den Stierkampf sowie das Treiben der Tiere wusste. Eddie ging es ebenso, wie er mir später berichtete.
Am Abend saßen wir in trauter, internationaler Pilgerrunde im Garten. Essen und Trinken wurden geteilt. Maik, dessen Englisch perfekt war, dolmetschte fleißig.

Steffi und Eddie vor dem Rathaus von Pamplona

Gegen 22.00 Uhr war, wie in Pilgerherbergen üblich, Nachtruhe angesagt. Ich lag unten im Doppelstockbett und wälzte mich unruhig von einer Seite auf die andere. Vieles ging mir durch den Kopf. Die Gedanken überschlugen sich, Heimweh nach den Kindern hatte von mir Besitz ergriffen und an Schlaf war nicht zu denken. Auch schien ich eine Erkältung auszubrüten. Ein wenig Ablenkung musste jetzt unbedingt her, aber wie? Nach einiger Zeit fiel mir mein MP3-Player ein, der in meiner Jackentasche steckte. Ich hatte vor der Abfahrt noch einige Hörbücher aufgespielt und so hörte ich, um innerlich etwas zur Ruhe zu kommen, einige Kapitel eines Buches. Am Morgen erschienen wir als erste zum Frühstück, meine Erkältung war nun Realität und geschlafen hatte ich vielleicht eine Stunde. Eddie ging es auch nicht sonderlich gut. Hinzu kam, dass wir immer noch nicht über unsere hilflose Lage vom Vortag hinweg waren und unsere Blindheit verfluchten. Marianne bemerkte Eddies und meine Stimmung sofort und bot uns an, eine weitere Nacht zu bleiben, da wir gesundheitlich nicht ganz auf der Höhe waren. Gegen 8.00 Uhr brachen die anderen Pilger auf und eine große Zeremonie begann. Besonders der Abschied von Maik fiel schwer. Dieser war mit dem Fahrrad unterwegs und direkt vor seiner Haustür gestartet. Von ihm hatten mein Freund und ich außerdem am Vortag erfahren, dass auch er in den ersten vierzehn Tagen mit Heimweh und einem Tief gekämpft hatte. Pilgern hieß eben auch leiden, und das taten wir derzeit im Überfluss.

Eddie und ich nutzten den Tag, spazierten ein wenig in der Umgebung des „Casa Paderborn" herum und bummelten durch die Altstadt, bis wir eine Bar fanden. Ich wunderte mich. Der Fußboden war gefliest, nur was knirschte und raschelte so unter unseren Füßen? Verdutzt wandte ich mich an Eddie: „Sag mal, was liegt denn hier alles auf dem Boden? Spürst du das auch?" Daraufhin bückte dieser sich, tastete alles gründlich ab und lachte: „Das sind Zigarettenkippen, Papier von Zucker und weiterer undefinierbarer Müll. Hier lässt man eben alles zu Boden fallen."

Als wir den Heimweg antraten, fing es an zu regnen. Im Albergue waren inzwischen wieder neue Pilger angekommen und auch Paul erschien mit Besuch aus Deutschland im Schlepptau. Dieser Herr namens Franz machte alles andere als einen sympathischen Eindruck auf uns. Wir Blinden waren einfach Luft für ihn, scheinbar keine vollwertigen Menschen und außerdem hörte er sich gern reden. Am nächsten Tag ging es Eddie und mir schon wieder etwas besser. Wir

In trauter Pilgerrunde im Garten des „Casa Paderborn"

hatten uns am Abend lange mit Marianne unterhalten. Sie selbst war den Jakobsweg gepilgert und konnte uns viele nützliche Tipps geben. Außerdem meinte sie: „Meine Zeit als Hospitalera ist in drei Tagen beendet. Wenn ihr möchtet, kann ich euch mit dem Auto zurück nach Deutschland nehmen. Wir können dann noch einige Tage gemeinsam in Südfrankreich verbringen. Es ist doch schon eine großartige Leistung, dass ihr die Strecke von Rügen bis Pamplona überhaupt bewältigt habt. Also überlegt es euch! Mein Angebot steht." Eddie und ich schwiegen, bis ich schließlich erwiderte: „Vielen Dank, Marianne, aber ich muss erst mal mit meinem Freund allein sprechen und ein wenig über alles nachdenken." Diese bejahte und teilte uns weiterhin mit, dass es auch zum

Die Altstadt von Pamplona

Flughafen nach Bilbao nicht weit sei und man von dort aus täglich nach Deutschland fliegen könne.

Zunächst bestand aber Einigung darin, dass wir uns richtig auskurieren wollten und noch eine weitere Nacht in dem Albergue verbringen würden. Mehr ging ohnehin nicht. In unsere Pilgerpässe wurden am nächsten Morgen wieder sogenannte „Häschenstempel" gedrückt als Zeichen für den Krankenstand.

Bei einem anschließenden Spaziergang wandte ich mich Eddie zu: „Wie denkst du über Mariannes Angebot? Ich habe heute Nacht lange darüber nachgedacht. Wollen wir nach Deutschland zurückkehren und einfach aufgeben?" Dieser erwiderte: „Steffi, bisher hat sich immer eine Lösung ergeben. Der Weg

ist unser Ziel und den müssen wir einfach gehen, uns allem stellen!" Erleichtert atmete ich auf, denn aufgeben wollte auch ich auf gar keinen Fall und vor allem Antworten finden, neue Prioritäten im Leben setzen sowie Erlebtes verarbeiten.
Die großen Städte waren für Eddie und mich ohne Spanischkenntnisse, taktile Karten oder Navigationssystem nicht realisierbar. Aber die konnte man umfahren, wie wir es auch schon vorab zu Hause in unserer Planung überlegt hatten. Ebenfalls war uns von Paul ein Zettel in die Hand gedrückt worden. Auf diesem stand in Spanisch, dass wir Pilger seien und man uns bitte auf den Camino außerhalb der Stadt bringen möchte. Er war für Taxifahrer bestimmt und würde uns das Leben sicher erleichtern.
Am nächsten Tag kreuzten wir auf dem Bahnhof von Pamplona auf. Die Fahrkarten, die benötigt wurden, um aus der Stadt zu kommen, hatte ich mit Pauls Hilfe schon am Vortag besorgt. Wir würden ein Stück fahren und dann weiterlaufen. Die Compostela in Santiago war uns nicht mehr so wichtig. Im Vordergrund stand einfach nur, dort anzukommen, egal wie, diesen Weg zu gehen!
Auf dem ersten Bahnsteig zeigten Eddie und ich anderen Reisenden unsere Tickets. Wir waren auf dem richtigen Gleis. Der Zug fuhr ein und mein Freund und ich mussten wieder akrobatische Kunststücke vollbringen, um hineinzugelangen. Im Gegensatz zu dem Nachtzug in Paris war dieser aber sehr modern und vor allem blindenfreundlich ausgestattet. So verfügte er über taktile, große Knöpfe zum Tür schließen oder öffnen. Die Mitreisenden standen uns hilfreich zur Seite und so landeten wir schnell auf unseren Plätzen. Ich dachte in diesem Moment an den herzlichen Abschied von Marianne und an Maik, sein schweres Schicksal und Mariannes Worte: „Der

heilige Jakobus wird immer bei euch sein und euch auf diesem Weg beschützen." Allerdings bedauerten wir zutiefst, dass wir nicht auch Paul Lebewohl sagen konnten. Am Vorabend war Franz erneut in der Herberge erschienen, hatte wieder ordentlich auf den Putz gehauen – wie gut und wie toll er doch wäre – und dann höhnisch zu uns gesagt: „Paul steht nicht mehr zu eurer Verfügung! Seine Frau möchte, dass er zu Hause bleibt." Von Franz wussten wir nur, dass er in jungen Jahren 24 Monate in Barcelona verbracht hatte, dadurch Spanisch sprach – auf was er sich mächtig viel einbildete – und bei jeder Gelegenheit betonte, wie glücklich er doch verheiratet sei. Seine Frau hatte er allerdings zu Hause gelassen. Nun gut, diesem arroganten Menschen würden wir wohl nicht noch einmal begegnen.

In diesem Moment ertönte eine für uns völlig unverständliche Ansage, wir ertasteten die Uhrzeit und kurz darauf hielt auch schon der Zug. Schließlich gab es für Eddie und mich nur eine Möglichkeit, unser Ziel zu outen – wir richteten uns einfach nach der Ankunftszeit.

9 RÜCKBLICKE UND SELBSTZWEIFEL

Während der kurzen Zugfahrt hatte ich genügend Zeit gehabt, nachzudenken. Die Entscheidung, den Weg fortzusetzen, war auf jeden Fall richtig. Nur warum wurden wir immer wieder von so starken Selbstzweifeln befallen?

Meine Gedanken waren zurück geschweift an die Erlebnisse im Frühjahr, welche unser Leben grundlegend verändert hatten. Der 78. Geburtstag von Eddies Mutter stand unmittelbar vor der Tür. Diese hatte sich zu unserer großen Freude gerade wieder von einer Lungenentzündung erholt und wir trafen neben unseren Alltagsverpflichtungen umfangreiche Geburtstagsvorbereitungen. So fuhren Eddie und ich an einem Vormittag nach Stralsund, um Geschenke zu kaufen. Ich buk einen Geburtstagskuchen und dann waren wir auch schon wieder auf dem Weg ins Alten- und Pflegeheim.

Mutti erwartete uns bereits sehnsüchtig und verkündete nun freudig: „Setzt euch, ich habe eine Überraschung." Es gab Kuchen für die ganze Station, welchen sie von ihrem wenigen Taschengeld spendiert hatte. Wir überreichten ihr zunächst unsere Geschenke und nahmen Platz, während einer der Pfleger jedem von uns einen Teller mit Streuselkuchen servierte. Getränke gab es nicht. Nach einer halben Stunde wandte sich unsere Mutter an die Schwester mit der Bitte um Kaffee. Diese brüllte: „Kaffee gibt es nicht, ist alle!" Eddie und ich zuckten zusammen, senkten die Köpfe, um nach unseren Kuchengabeln zu tasten, und mussten feststellen, dass diese wahrscheinlich schon in Gebrauch gewesen waren. Wir zerrten sie uns förmlich von den Händen, würgten den Kuchen trocken hinunter, nicht ohne dabei immer wieder zu beteuern: „Das ist überhaupt kein Problem und geht doch auch ohne

Kaffee! Wir haben vergessen, welchen mitzubringen. Dafür ist der Kuchen wirklich sehr gut." Dabei hielten mein Mann und ich uns krampfhaft aneinander fest und versuchten, unsere Angst vor dem Altwerden und der oft damit verbundenen Hilflosigkeit sowie solchen Heimen zu unterdrücken. Schließlich konnte man Eddie und mich auch nicht mehr unbedingt als jugendlich bezeichnen. Ich machte mir Vorwürfe, denn an alles hatten wir gedacht – nur nicht an den Kaffee. Eine freundliche Antwort des Personals wäre trotzdem nicht zu viel verlangt gewesen.

Obwohl Mutti unsere Geschenke sowie der selbstgebackene Kuchen, der nun am nächsten Tag gegessen werden sollte, viel Freude bereiteten, blieb die Stimmung getrübt. So verließen wir völlig in uns gekehrt diese Stätte. Eddie und ich zogen los, um ein Restaurant aufzusuchen, dort einen Kaffee zu trinken und uns die Hände, die noch immer klebten, gründlich zu waschen.

Während unserer Wochenendbesuche war uns schon des Öfteren aufgefallen, dass das Personal auf dieser Station des Pflegeheims nicht gerade sehr freundlich und umgänglich war. Mutti sprach oft von dem Elend dort, was uns sehr zu schaffen machte. Details gab sie leider nicht preis. Im Café sprachen wir über die Situation der Bewohner. Diese saßen tagsüber im lauten, zugigen Flur der Station und brüteten vor sich hin. Dabei lief unaufhörlich der Fernseher. Die Menschen machten einen müden und abgestumpften Eindruck. Einen Aufenthaltsraum gab es dort auch nicht. Vor ihrer Lungenentzündung war Mutti noch recht gut zu Fuß, verbrachte viel Zeit an der frischen Luft und betätigte sich im Heimbeirat. Da hatten wir diese Tatsachen nicht bemerkt.

Ein wenig Trost gab uns, dass unsere Mutti sich doch wieder

recht gut erholt hatte. Sie plante für das nächste Wochenende, bei schönem Wetter, einen Spaziergang in Familie. Ruhe fanden Eddie und ich allerdings nicht.

Wieder war eine Woche vergangen. Der Sonntag präsentierte sich erneut mit strahlendem Sonnenschein und ein ganz leichter, warmer Wind brachte den Geruch des Frühlings mit sich. Eddie hatte ein Sitzkissen für Mutti in den Rucksack gesteckt, und so fuhren wir nach dem Mittagessen ins Altenheim. Gut gelaunt und lachend betraten Eddie, die Kinder und ich den Fahrstuhl und stutzten, als uns niemand in Empfang nahm. Muttis Platz im Flur war leer. Das hatten wir noch nie erlebt. Ihre Freundin und Zimmergenossin begrüßte uns mit den Worten: „Ihre Mutti ist seit gestern Abend in T. im Krankenhaus. Hat man Sie denn nicht benachrichtigt?" Ich stellte in Gedanken versunken meine Tasche ab und wir suchten hektisch nach einer Schwester, um zu erfragen, was passiert sei. Diese erwiderte: „Das tut mir leid, aber Ihre Mutter hat sich gestern nach dem Abendessen hingelegt, da es ihr nicht gut ging. Es wird schon nichts weiter sein, außer der Zucker."

Wir dankten für die Auskunft, schnappten Kinder sowie Hunde und eilten sofort wieder zurück zum Busbahnhof. Warum hatte man uns nicht telefonisch benachrichtigt? Grübelnd stiegen wir in T. aus dem Bus und schlugen den Weg zum Krankenhaus ein. Plötzlich bekam ich einen Schreck und rief: „Hat jemand von euch meine Tasche?" „Nein", lautete die einstimmige Antwort. „Wo kann ich diese bloß vergessen haben? Mein Ausweis und meine Geldkarte sind im Portemonnaie in der Tasche. Alles andere ist nicht so schlimm", jammerte ich. Eddie gab mir einen Kuss und versuchte, mich zu beruhigen. Aufgeregt liefen wir zurück zum Busbahnhof und fragten die Busfahrer nach dem Verbleib der Tasche. Diese

reagierten freundlich und wandten sich per Funk an ihre Kollegen, welche sich sofort an uns erinnerten.
Die Antwort war negativ. Meine Tasche hatte sich leider nicht angefunden. So begaben wir uns zunächst ins Krankenhaus in die Anmeldung. Dort rief man sofort im Alten- und Pflegeheim an und nach einigem hin- und her fand die Schwester auch meine Tasche. Weiterhin wurde uns die entsprechende Station der Klinik, auf der unsere Mutti lag, mitgeteilt, und wir eilten ziemlich aufgeregt dorthin. Eine Schwester brachte uns bis an die Zimmertür. Ich klopfte und Eddie und ich traten, ohne eine Antwort abzuwarten, ein. Aus der hinteren Ecke des Zimmers ertönte ein furchtbares Rasseln. Eddie flüsterte fragend: „Mutti? Mutti, was ist passiert?" Eine Antwort erhielt er nicht. Langsam tasteten wir uns zu dem Bett vor, von welchem das schreckliche Geräusch zu vernehmen war. Jetzt reagierte Mutti auch auf uns. Sie wollte nur in Ruhe gelassen werden und sprach vom Sterben. Ein Gespräch zu führen war unmöglich. Völlig deprimiert zogen wir wieder ab in Richtung Busbahnhof, um meine Tasche aus Z. zu holen. Was war bloß aus dem Tag geworden, der doch so schön begonnen hatte?
Nach einer fast schlaflosen Nacht und einem Frühstück, welches keinem von uns beiden richtig schmecken wollte, fuhren wir aufgeregt ins Krankenhaus. Die Schwestern durften uns keine Auskunft geben und ein Arzt war leider nicht zu sprechen. „Vielleicht morgen!", teilte man uns mit.
Muttis Zustand war unverändert. So „guckten" wir ihre Sachen durch und mussten feststellen, dass nicht einmal die Waschtasche alle für eine Toilette benötigten Dinge enthielt. Daraufhin gingen Eddie und ich zunächst einkaufen und fühlten uns mit all diesen Sorgen und Ängsten völlig allein

gelassen. Uns blieb nichts weiter übrig, als die wildesten Vermutungen und Diagnosen aufzustellen. Vor allem versuchten wir, uns damit selbst zu beruhigen.
Ebenso mussten Eddie und ich dringend ins Pflegeheim fahren, um einige Sachen zu holen. In Muttis kleiner Tasche fanden wir lediglich zwei Slips vor. Was machen Menschen aus Heimen, deren Angehörige weit entfernt leben oder die niemanden mehr haben? Heißt die Lösung: Windel um und fertig?
Am darauf folgenden Tag, nach einer langen Wartezeit auf dem Stationsflur des Krankenhauses, konnten wir endlich mit der behandelnden Oberärztin sprechen.
Diese begrüßte uns freundlich, bot uns Plätze an und meinte: „Herr Lehmann, Frau Olschewski... ich habe leider keine guten Nachrichten für Sie. Ihre Mutter leidet an Krebs im fortgeschrittenen Stadium. Wir können nichts mehr tun und Ihre Mutti wird für den Rest ihres Lebens ein Pflegefall bleiben."
Es hallte uns förmlich in den Ohren, als wir die furchtbare Diagnose hörten. Die Zeit, die wir mit ihr noch verbringen durften, war also sehr begrenzt. Eddie und ich hatten mit einem Rückfall der Lungenentzündung gerechnet, aber nicht mit so einer Nachricht. Ich dachte in diesem Moment an meine eigene Mutter, welche ich sehr früh verloren hatte. Auch sie war an Krebs gestorben und mit einem Mal war alles wieder da. Ebenso ahnte ich, was auf Mutti und uns zukam. Nie würde ich dieses Gefühl meiner eigenen Hilflosigkeit vergessen, wenn ich das Zimmer meiner sterbenden Mutter betrat. Nichts konnte ich tun, ihr weder dieses Leiden noch die Schmerzen nehmen. Ich war damals dankbar über jeden Tag, an dem ich mir sagen konnte: „Noch ist sie da, noch kannst du mir ihr reden und ihre Hand halten", meinte ich zu Eddie. Aber dann weinte ich hemmungslos, hatte ich dies doch alles

nie wieder erleben wollen. Frau Dr. Mops beantwortete geduldig alle Fragen und teilte uns weiterhin mit: „Ihre Mutter bekommt ab sofort Sauerstoff wegen der Sättigung im Blut. Auch stellen wir sie auf ein leichtes Morphin, welches bei Bedarf erhöht werden kann, ein, damit Ihre Mutter weitestgehend schmerzfrei ist. Sobald sich ihr Zustand stabilisiert hat, verlegen wir sie zurück nach Z. ins Pflegeheim. Dort ist sie am besten aufgehoben. Ich denke, dies wird in ein paar Tagen der Fall sein." Die Ärztin war sehr einfühlsam und man merkte deutlich, dass es ihr nicht leicht fiel, uns diese Diagnose mitzuteilen.

Eddie und ich verabschiedeten uns und fuhren schweigend nach Hause. Dankbar liebkosten mein Mann und ich unsere Hunde, Bob und Betty, die uns sicher führten. Die Konzentration, allein mit dem Langstock zu laufen, hätten wir an diesem Tag nicht aufbringen können. Bob, Eddies schwarzer, schöner Labrador, war schon zwölf Jahre alt, zudem stark sehbehindert und seit geraumer Zeit außer Dienst. So übernahm Betty, meine 5-jährige Schäferhündin, alle Aufgaben. Täglich erwarteten wir einen Anruf unserer Führhundschule, wann Eddie in die Einweisung mit seinem neuen Hund gehen konnte. Bob sollte natürlich weiterhin bei uns leben und sein „Rentnerdasein" genießen können.

Am Abend, als die Kinder schliefen, stellten mein Lebensgefährte und ich uns erneut die Frage, wie es weitergehen sollte. Auch telefonierten wir ausgiebig mit Eddies Schwester, Monika, welche leider am anderen Ende Deutschlands lebt. Diese kündigte sofort ihr baldiges Kommen an. Zunächst musste sie allerdings Urlaub beantragen.

Eins war uns allen klar geworden: In diesem Pflegeheim in Z. konnte Mutti unter gar keinen Umständen bleiben. Es musste

Steffis Sohn spielt mit Bob und Betty

schnellstens eine andere Lösung gefunden werden. Des Weiteren gelangten Eddie und ich schlagartig zu der Erkenntnis, dass wir in absehbarer Zeit mit den Formalitäten einer Beerdigung konfrontiert werden würden, von denen wir bislang keine Ahnung hatten. Meine Mutti war vor zweiundzwanzig Jahren verstorben und vieles hatte sich inzwischen geändert, vor allem die Kosten.

10 FORMALITÄTEN

Einige Tage später, wir suchten noch immer nach einer Lösung für die Unterbringung unserer Mutter, planten Eddie und ich, dem Hospiz einen Besuch abzustatten, um uns von diesem ein Bild zu machen. Ebenso hatten wir inzwischen über das Internet Beerdigungsinstitute in Muttis alter Heimat ermittelt, um Informationen einzuholen.
Unsere veränderte Lebenssituation gestaltete sich alles andere als einfach. Zu der psychischen Belastung, unserem Alltag, den wir als Blinde meistern müssen, kamen jetzt noch die Krankenhausbesuche und die gesamten Formalitäten hinzu.
So machten wir uns an einem Vormittag auf den Weg in ein Hospiz.
Der Eingang des von uns angesteuerten Objektes war schnell gefunden. Nur hatte dieser einen Knauf und so schlussfolgerte ich, dass sich irgendwo eine Klingel befinden müsse. Eddie tastete minutenlang die Wände ab und fand sie schließlich. Er drückte den Knopf und die Tür öffnete sich. Dass sie nach außen aufging, merkten wir, als diese nur um wenige Zentimeter unsere Köpfe verfehlte. Eine freundliche Schwester erschien und wir schilderten in kurzen Worten unser Anliegen. Sie führte uns in einen sonnendurchfluteten, gemütlichen Aufenthaltsraum.
Augenblicklich setzte ohrenbetäubender Lärm in Form von Vogelgezwitscher ein. Die lieben „Zimmeradler" mochten wohl unsere Hunde nicht, die Hunde diese aber umso lieber. Eilends wurde der große Käfig mit den Vögeln entfernt. Uns wurden Getränke serviert und Eddie und ich von der leitenden Schwester des Hospizes namens Gudrun begrüßt. Diese

nahm sich sehr viel Zeit, und wir konnten unsere Fragen, Sorgen und Nöte ansprechen. „Besteht auch die Möglichkeit, ein freies Zimmer zu besichtigen?", fragte ich vorsichtig. Ihre Verwunderung auf unser Anliegen hin entging uns nicht. Eddie und ich machten uns auf unsere Art ein Bild von dem Raum, ertasteten das Mobiliar, erfragten die Farben und erkundeten die große Terrasse, die in eine parkähnliche Anlage führte. Alles wirkte sehr schön und anheimelnd. Wieder zurück im Aufenthaltsraum erbot Schwester Gudrun sich, sofort mit der behandelnden Oberärztin, Frau Dr. Mops, zu telefonieren.
Voller Hoffnung und Anspannung warteten wir in den bequemen Stühlen, als die Schwester nach einer Viertelstunde wieder den Raum betrat. Frau Oberärztin war alles andere als begeistert und ließ uns mitteilen, dass unsere Frau Mutter einen Heimplatz hätte und somit nicht in das Hospiz könne. Dies verstanden wir einerseits, aber andrerseits zerplatzte unsere große Hoffnung auf eine vernünftige Unterbringungsmöglichkeit. Mit hängenden Köpfen und völlig deprimiert zogen wir weiter.
Unser nächstes Ziel waren zwei Beerdigungsinstitute, in welche Eddie und ich nun fuhren. Bei Nummer eins wussten wir zwar die Anschrift, kannten den genauen Eingang aber nicht. Was hat man ansonsten auch damit zu tun und dann noch ein einer uns nicht so gut bekannten Stadt? Wir öffneten in besagter Gegend und Straße eine Tür und fragten zunächst einmal, wo wir denn hier seien. Eddie und ich waren richtig und der Empfang sowie die Beratung umfassend. Die Preise zogen uns allerdings fast die Schuhe aus. Also auf zu Institut Nummer zwei! Wir klopften, öffneten die Tür und hörten in den Raum hinein. Plötzlich donnerte eine Männerstimme: „Kundschaft?" Als wir nicht gleich antworteten, posaunte die

Stimme ein zweites Mal: „Kundschaft?" Irgendwie fühlten Eddie und ich uns gar nicht angesprochen, hatten wir doch gerade alles ganz anders erlebt. Als uns dann ein Licht aufging und mein Mann und ich begriffen, dass dies wohl doch uns galt, äußerten wir ganz zaghaft unser Begehren. Daraufhin dröhnte es: „Kollegin kommt gleich, Sie müssen in das Hinterzimmer!" Die besagte Kollegin erschien, redete knapp zwei Minuten auf uns ein und meinte dann schließlich: „Ich lasse Sie gleich hier hinten raus." Ehe wir es uns versahen, fanden Eddie und ich uns auf einem Hinterhof wieder, um gleich darauf krampfhaft die Straße suchen zu müssen. Ich fragte Eddie: „Du, was war das denn eben?" Und Eddie schlussfolgerte darauf: „Steffi, unser Fehler bestand darin, dass wir keinen Toten dabei hatten. Dann wäre man sicher etwas freundlicher zu uns gewesen."

Um einige Erfahrungen reicher und mit umfangreichem Wissen vollgestopft, fuhren wir nach Hause, um am Nachmittag wieder unsere Mutti zu besuchen. Dieser ging es glücklicherweise an diesem Tag schon etwas besser und sie äußerte den Wunsch, ihre Tochter zu sehen. Am Abend telefonierten wir erneut mit Monika. Diese kündigte ihr Kommen für die darauffolgende Woche an. Wir hofften, dann gemeinsam die bestmögliche Lösung für Mutti zu finden. Am Abend nahmen Eddie und ich uns völlig erschöpft in die Arme und plötzlich durchzuckte es mich. In der ganzen Aufregung hatten wir Raimons Anruf vom Abend zuvor völlig vergessen. Am nächsten Tag sollte Eddies Einweisung mit seinem neuen Führhund Adam beginnen.

11   EINE ENTSCHEIDUNG VON GROSSER TRAGWEITE

Pünktlich waren Trainer und Hund zur Stelle. Bob und Betty zeigten sich sehr erfreut über diesen Besuch und stürmten sofort zur Tür. Raimon hatte uns Adam bereits im Herbst letzten Jahres vorgestellt. Eddie und ich besprachen zunächst mit ihm unsere derzeitige Situation. Danach gingen die drei Herren los und ich blieb mit Bob und Betty zu Hause. Es hatte sich so einiges angesammelt, was erledigt werden musste.
Am frühen Nachmittag erschien Eddie wieder und berichtete von dem ersten Tag mit seinem neuen Hund. Gutgelaunt machten wir uns auf den Weg ins Krankenhaus. Mutti ging es besser und sie erzählte von einem Gespräch mit Frau Oberärztin Mops. Diese hatte ihr am Morgen eröffnet, dass sie zurück ins Alten- und Pflegeheim müsse. Sie wirkte völlig verstört und auf unsere Nachfragen erhielten wir keine Antwort. Mutti blockte stattdessen vollkommen ab. Es war ihr deutlich anzumerken, dass sie nicht mehr in das Heim zurück wollte. Was oder wer hatte sie nur so eingeschüchtert? Schnellstmöglich musste etwas Besseres gefunden werden! Plötzlich ergriff Eddie Muttis Hand und fragte ganz spontan: „Wie soll es jetzt weitergehen? Möchtest du vielleicht lieber zu uns nach Hause kommen? Wir würden uns freuen." Darauf ging sie aber nicht ein. Ich erzählte nun von Eddies neuem Blindenführhund und Mutti lachte endlich einmal wieder und meinte: „Ihr Beide habt euch gesucht und gefunden. Nun seid ihr eben hundereich!"
Nach drei doch sehr anstrengenden Tagen, die gefüllt waren mit Einweisung, Einkauf, Haushalt und Krankenhausbesuchen, reiste unser Führhundtrainer wieder ab, um ein

verlängertes Wochenende zu Hause verbringen zu können und uns ein wenig mehr Ruhe zu gönnen.

Die neue Woche begann. Eddie und ich erschienen am Montagmorgen bereits um 9.30 Uhr im Krankenhaus. Auf der Station wurden wir von Schwestern und Pflegern freundlich mit den Worten, „Sie werden schon sehnsüchtig erwartet", empfangen. Die Hunde führten uns zu Muttis Zimmer. Diese weinte und schluchzte: „Ich muss ja nun nach Z. zurück, dabei will ich doch nie wieder ins Heim." Als Eddie dann erneut fragte, ob sie lieber zu uns wolle, atmete sie erleichtert auf und bejahte dies sofort. Eine Entscheidung von großer Tragweite war gefallen.

Wir plauderten noch ein wenig und verabschiedeten uns von Mutti mit den Worten: „Am späten Nachmittag sind wir wieder bei dir. Und jetzt mach dir bitte keine Sorgen mehr, du musst nie wieder in dieses Heim." Von unseren eigenen Worten waren wir allerdings alles andere als überzeugt. Kaum hatte ich die Tür des Krankenzimmers geschlossen, wandte sich Eddie mir zu: „Steffi, was habe ich da nur angerichtet? Wie sollen wir beiden Blinden denn einen Menschen pflegen? Was kommt da nur noch alles auf uns zu?" Ich ergriff seine Hand und versuchte ihn zu beruhigen: „Eddie, ich denke, eine andere Lösung hätte sich nicht aufgetan. So ist es das Beste für Mutti und an ihr Wohl müssen wir denken. Es wird sich alles finden." Geglaubt habe ich daran allerdings in diesem Moment nicht. Auch ich hatte Angst.

Gegen Abend besuchten wir Mutti erneut. Diese hatte die Nachricht, dass sie nun zu uns nach Hause dürfe, schon allen Schwestern und Pflegern mitgeteilt. Voller Vorfreude fieberte sie ihrem Entlassungstag entgegen. Uns hingegen wurde immer mulmiger. Schon auf dem Nachhauseweg überlegten wir,

was jetzt alles zu tun sei. Zunächst musste der Heimplatz gekündigt werden. Die Kündigung konnten wir vorbereiten und mit ins Krankenhaus zu Mutti nehmen. Auch über eine Pflegestufe dachten wir nach, gelangten aber zu der Ansicht, dass Mutti diese seit ihrem Oberschenkelhalsbruch hatte. Seit jenem Zeitpunkt war sie verstärkt auf die Hilfe der Schwestern im Heim angewiesen, denn dieser Bruch hatte eine Gehbehinderung mit sich gebracht.
Wie Eddie und ich alles andere hinbekommen sollten, erschien uns rätselhaft.
Als wir so unseren Gedanken nachhängend dahin schlenderten, stiegen uns Essensdüfte in die Nase. Hunger machte sich bemerkbar. Die Zwillinge waren versorgt und so fielen wir in unsere Lieblingskneipe ein, um einen ruhigen Abend bei gutem Essen und einem trockenen Rotwein zu verleben.
Eddie und ich stellten irgendwann fest, dass wir doch recht glückliche Menschen wären und alberten über so manche Erlebnisse. Unlängst wurden wir über Dritte gefragt, wie denn blinde Menschen eigentlich Sex hätten. Wir stellten lachend fest, dass es dafür leider keine Blindenhilfsmittel gäbe und scherzten, ob denn sehende Menschen, die wir ja auch einmal waren, es nur bei Festbeleuchtung täten. Vielleicht war uns ja diesbezüglich das Erinnerungsvermögen abhanden gekommen? Auch wurden wir einmal im Wartezimmer unserer Tierärztin von einem Herrn gefragt: „Aus welchem Blindenheim kommen Sie denn und wo ist hier denn ein solches Heim?" Auf unsere Erklärung hin, dass Eddie und auch ich eine Wohnung sowie eine ganz normale Familie hätten, hielt er dies für ausgeschlossen. Schließlich müsse man sein Zuhause ja auch sauber halten, einkaufen, kochen und waschen! Es dauerte schon eine geraume Weile, bis wir ihn vom

Gegenteil überzeugen konnten und ihm klar machten, dass mein Freund und ich ein ganz normales Leben führten. Ganz ohne Hilfe von Sehenden geht dies natürlich nicht.

Eddie und ich leben in einer Kleinstadt, in welcher ein blindes Paar mit zwei Löwen, wie wir unsere Hunde nennen, nicht verborgen bleibt. Mein Lebensgefährte und ich werden oft von den Leuten angesprochen, vieles gefragt und uns wird manchmal auch ganz spontan Hilfe zuteil.

Wir sind zwei Menschen mit Beziehungserfahrungen. So haben Eddie und ich, zwar nicht miteinander aber zusammen, sechs Kinder. Vier davon sind schon erwachsen.

Unsere erste Begegnung erfolgte, als ich gerade in der Einweisung mit meiner Betty war. Raimon stellte mir Eddie vor, damit ich auch Kontakt zu anderen Führhundhaltern bekäme. Den Rest haben wir dann ohne Hilfe hinbekommen. So manche Unternehmungen hatten Eddie und ich bis dato gemeistert, waren gemeinsam mit anderen Betroffenen auf die Insel Kreta geflogen, reisten zu Führhundehaltertreffen und erkundeten das Land. Natürlich ging nicht immer alles glatt. Unsere Erlebnisse könnten ganze Bibliotheken füllen.

Einmal gelang es uns nicht, wir waren zu viert auf Reisen, den Türöffner der Zugtür zu finden. Lautstark wurde die Tür von oben bis unten abgegrabbelt, aber das Teil hatte sich an der Wand versteckt, was niemand von uns ahnte. Auf der Rückfahrt beförderte uns und unsere Vierbeiner eine sehr „zuvorkommende und freundliche" Zugbegleiterin in das überfüllte Gepäckabteil, worauf wir ganz energisch protestierten. Sie hingegen fand dieses Abteil passend – wegen der Blindenführhunde.

Das Verwechseln von Herren- und Damentoiletten gehört auch zur Tagesordnung, da diese größtenteils nicht taktil

Raimon Jordt beim Führhundehaltertreffen mit Führhundehaltern bei der Arbeit

gekennzeichnet sind und oft niemand da ist, den man fragen könnte. So marschierte Eddie einmal auf besagtes Domizil, riss die Tür auf, befand lautstark: „Hier riecht es nach Frau!" und machte kehrt.

Ebenso vertraut ein Blinder manchmal rückhaltlos sehbehinderten Bekannten, und so landete ich einmal samt sehbehinderter Begleitung kopfüber in einem Wintergarten. Es waren Stufen da, deren Existenz mein Begleiter auch nicht erkannt hatte. Wir entwirrten unsere Glieder und stürzten durch den Raum, da uns dieser Auftritt mehr als peinlich war. Auch hier stellte sich später die Frage: Wo ist für Damen und wo für Herren? Natürlich verwechselten wir alles gründlich. Die Ausgangstür suchend, landeten meine sehbehinderte Begleitung und ich dann schließlich in einem riesigen Schrank.

Eddie und Bob beim Führhundehaltertreffen in Charlottenhof

Meine Hündin lag derweil treu und brav im Gastraum bei dem Rest der Gruppe.
Ein anderes Mal waren wir anlässlich eines Führhundehaltertreffens in einer alten, wunderschönen, verwinkelten Stadtvilla untergebracht. Diese hatte leider so ihre Tücken. Am Morgen nach dem Frühstück, als ich mein Zimmer aufsuchen wollte, hörte ich schon im Treppenhaus Eddie und eine andere Tagungsteilnehmerin. Wortfetzen drangen an mein Ohr: „Wo ist bloß die zweite Tür? Also das ganze nochmal! Bob voran! Such Eingang!" Verwundert erklomm ich die letzten Stufen. Eddie und Anna liefen mit ihren beiden Hunden suchend hin und her. Diese gingen immer wieder zielgerichtet auf ein und dieselbe Tür zu. Auf meine Frage, was sie denn hier machten, antwortete Anna: „Wir können unsere Zimmer

nicht finden. Hier ist nur noch eine Tür und unsere Schlüssel passen nicht." In der Zwischenzeit hatten sich noch andere Führhundhalter zu uns gesellt. Jemand meinte: „Fass doch einfach mal die Tür an, vielleicht ist sie ja auf!" Daraufhin erwiderte Eddie verlegen: „Daran haben wir auch schon gedacht, aber wer weiß, wen Anna und ich stören. Wir können doch nicht einfach in das Hotelzimmer fremder Leute eindringen." Ich lachte: „Sagt mal, glaubt ihr wirklich, dass während des Frühstücks das Hotel umgebaut und ein Zimmer wegrationalisiert wurde?" So ging das noch eine ganze Weile. Der Tagungsbeginn nahte. Schließlich fasste Anna sich ein Herz und öffnete die bewusste Tür. Die Hunde liefen los, Eddie und Anna jubelten, denn ihre Zimmer waren plötzlich wieder da. Beide hatten nicht bemerkt, dass von dem großen Vorflur noch ein kleiner abging. Nur, die Tür zu diesem musste während des Frühstücks jemand geschlossen haben.

Am Abend saßen wir bei einem anderen, neuerblindeten Tagungsteilnehmer auf dem Zimmer, um ihm ein wenig Mut zu machen. Nach gut zwei Stunden suchten mein Begleiter und ich die Ausgangstür. Diese ließ sich trotz allem Wandabtasten nicht finden. Irgendwann merkte ich dann, dass ich die Tür der Duschkabine in der Hand hatte. Wir waren also im Bad gelandet.

Die Wermutstropfen in unserem Glück hatten Eddie und ich anderen zu verdanken. Seit unserer Erblindung mussten wir immer wieder sehr unschöne Dinge erleben und fühlten uns oft wie Menschen zweiter Klasse. So hatte Eddies Krankenkasse ihm beispielsweise mitgeteilt, dass er letztmalig den Kellerer Blindenlangstock bezahlt bekommen würde. Künftig sollte er sich einen Hersteller in Mecklenburg-Vorpommern suchen, denn dort seien die Stöcke weitaus preiswerter. Nur gab es in unserem Bundesland niemanden, der Langstöcke produzierte. Die Kasse aber wich natürlich nicht davon ab und an die Wichtigkeit der individuellen Versorgung dachte sie gleich gar nicht. In Erinnerungen schwelgend, verließen wir die gastliche Stätte und traten den Heimweg an.

12 DIE DINGE NEHMEN IHREN LAUF

Am nächsten Morgen frühstückten wir ausgiebig. Anschließend schrieb ich die Kündigung des Heimplatzes und rief Jens an. Da Mutti ebenfalls blind war, benötigten wir sehende Hilfe, um ihre Unterschrift richtig platzieren zu können. Eddie und ich wollten gerade aufbrechen, als Raimon und Adam in der Tür standen.
„Oh Gott, euch hab' ich völlig vergessen", platze es aus mir heraus. Eddies Einweisung sollte weitergehen. Raimon reagierte erneut sehr verständnisvoll und meinte, dass zunächst einmal alles andere wichtiger wäre. Er würde mit Adam wieder zurück nach Hause fahren. Im Krankenhaus stellten wir fest, dass Mutti zu schwach war, um eine Unterschrift leisten zu können.
Ratlos ließen wir uns auf den Stühlen des Restaurants nieder. Jens machte unterdessen Besorgungen. Mein Lebensgefährte und ich wurden sofort mit Kaffee versorgt und gefragt, wen wir denn täglich in der Klinik besuchten. Eddie und ich berichteten und die nette Dame wusste Rat. Das Krankenhaus würde über einen speziellen Service verfügen, der sich um solche Angelegenheiten kümmerte, teilte sie uns mit. Die Mitarbeiterin bot weiterhin an, sich sofort mit der Serviceleiterin, Frau Kantenfilter, in Verbindung zu setzen. Diese stand nach wenigen Minuten vor uns und wir legten unsere und Muttis Angelegenheiten vertrauensvoll in ihre Hände. Nur das Problem mit der Unterschrift war damit immer noch nicht gelöst. Schließlich kam ich zu dem Entschluss, dass wir das hiesige Amtsgericht aufsuchen mussten. Eddie als Sohn könnte dann die Betreuung für Mutti beantragen. „Meinst du wirklich, dass man einen Blinden zum Betreuer bestellt?", zweifelte

dieser. „Warum nicht?", entgegnete ich. „Wir müssen es versuchen." Gesagt, getan! Wir fuhren los und kreuzten nach geraumer Zeit in der zuständigen Geschäftsstelle des Amtsgerichtes auf. Die dortige Justizangestellte nahm alle Personalien auf und versicherte, dass Eddies Antrag sofort weitergeleitet werden würde. Die Dinge nahmen ihren Lauf.

Am nächsten Vormittag trafen Eddie und ich uns im Restaurant zu einem Gespräch mit Frau Oberärztin Mops und Frau Kantenfilter. Frau Dr. Mops zeigte sich erfreut, Mutti in die Häuslichkeit entlassen zu können und war gleich damit einverstanden, dass wir ihre Pflege übernahmen.

Als Entlassungstag wurde der Dienstag der darauffolgenden Woche vereinbart. Jetzt war Frau Kantenfilter an der Reihe. Sie fragte zunächst: „Möchten Sie eine Komplexpflege oder wollen Sie Ihre Frau Mutter weitestgehend selbst pflegen?"

Eddie und ich reagierten sehr erfreut und entschieden uns beide gleichzeitig für die Komplexpflege, was auch immer dies war. Zumindest klang das gut und Mutti schien bestens versorgt.

Mit Frau Kantenfilter konnten wir ebenfalls besprechen, welchen der vorhandenen Pflegedienste wir einschalten wollten und diese teilte uns dann auch mit, dass Mutti noch gar keine Pflegestufe hätte. Des Weiteren verkündete sie, dass wir uns auf keinen Fall Sorgen machen sollten, da sie sich um alles kümmern würde. Die Pflegestufe sei dringlich und so war, wie es schien, alles in bester Ordnung. Wir meinten nun, die Pflege meistern zu können.

Schon am Nachmittag erhielten Eddie und ich einen Anruf von der Betreuungsbehörde, die für uns am darauffolgenden Tag einen Termin bereithielt. Zuvor wollte die Mitarbeiterin Mutti im Krankenhaus aufsuchen. Noch während des

Gespräches klingelte es und Monika stand vor der Tür. Wir tranken einen Kaffee und fuhren anschließend in die Klinik. Mutti, der es inzwischen wieder recht gut ging, freute sich sehr und erzählte ihrer Tochter gleich nach der Begrüßung, dass sie nicht mehr ins Heim zurück müsse, sondern zu uns nach Hause käme.

Am Abend, nachdem die Kinder zu Bett gebracht waren, machten wir es uns mit Eddies Schwester bei einem Glas Wein gemütlich. Jetzt konnten Eddie und ich alles in Ruhe mit Monika besprechen und waren weitaus optimistischer gestimmt. Es herrschte natürlich Klarheit bei uns Dreien, dass dies trotz aller Unterstützung nicht einfach werden würde.

Am Morgen des nächsten Tages suchten Eddie und ich zunächst die Betreuungsbehörde auf. Monika machte sich unterdessen auf den Weg ins Krankenhaus, um Mutti einen Besuch abzustatten. Die zuständige Mitarbeiterin der Behörde erzählte uns, dass sie Mutti aufgesucht hätte und diese unbedingt zu uns nach Hause wolle. In das Alten- und Pflegeheim ginge sie unter keinen Umständen zurück, hätte unsere Mutter ihr erklärt. Weiterhin erfuhren Eddie und ich, dass jetzt ein Bericht für die zuständige Richterin gefertigt werden würde. Anschließend erledigten wir die nötigen Einkäufe und eilten wieder nach Hause, da der Pflegedienst sich uns vorstellen wollte.

Die Pflegedienstleiterin erschien pünktlich und stellte uns drei ihrer Mitarbeiterinnen vor, die sich um Muttis Pflege kümmern sollten. Zunächst machte sie uns darauf aufmerksam, dass eine Komplexpflege, auch wenn die entsprechende Pflegestufe vorhanden wäre, viel zu teuer sei. Diese Form der Pflegeleistung hatte sich nunmehr für uns als Illusion erwiesen, und wir wurden unsanft auf den Boden der Realität zurückgeholt.

So vereinbarten Eddie und ich, dass die Schwestern die ganze Woche über morgens zum Waschen, Betten und Lagern und am Mittag und Abend zum „Pampern" kommen würden. Weiterhin wurde uns nahegelegt, dass wir uns um eine Verordnung zur Medikamentengabe kümmern sollten. Der Pflegedienst würde uns ebenfalls leihweise ein Pflegebett zur Verfügung stellen, welches drei Tage später geliefert werden konnte. So blieb nur noch, uns bei der Pflegedienstleiterin zu bedanken, da sie uns vor finanziellen Schäden bewahrt hatte. Am Nachmittag kehrte Monika heim. Wir tranken mit den Kindern gemütlich Kaffee und statteten dann alle gemeinsam Mutti einen Besuch ab, die sichtlich auflebte, je näher die Heimkehr rückte.

Langsam aber sicher überkamen meinen Partner und mich erneut starke Zweifel. Noch war Eddie nicht zum Betreuer bestellt worden, was bedeutete, dass niemand den Heimplatz kündigen konnte. Unsere Mutter war dazu nicht mehr in der Lage. Auch herrschte jetzt Gewissheit darüber, dass wir mit der Pflege weitestgehend allein fertig werden mussten. Konnten das zwei blinde Menschen überhaupt leisten? Wir besprachen am Abend mit Monika unsere Sorgen, die uns zwar verstand, aber meinte: „Jetzt gibt es kein Zurück mehr. Ihr schafft das schon! Es ist in jedem Fall richtig so." Natürlich versuchte sie, uns unaufhörlich Mut zu machen.

13 EIN UNRUHIGES WOCHENENDE

Der nächste Morgen brach an und mit ihm unsere Sorgen und Nöte. Wir kümmerten uns um Haushalt und Kinder, um dann alle gemeinsam in Eddies Wohnung Muttis Ankunft vorzubereiten. Die ganze Familie putzte und räumte um, denn schließlich mussten wir in drei Zimmern, in einer Wohnung von insgesamt 66 Quadratmetern, auf unbestimmte Zeit mit fünf Personen und unseren beiden Führhunden leben.
Monika hatte am Vormittag Mutti besucht, der es immer besser ging, und wir setzten uns am Abend nach getaner Arbeit alle zusammen. In zwei Tagen erfolgte Muttis Entlassung. Ob das alles so richtig war? Wir wurden immer nervöser. Die Meinungen in unserem Bekanntenkreis gingen weit auseinander. Die Einen vertraten die Auffassung, einen Pflegefall könnten blinde Menschen auf gar keinen Fall übernehmen. Die Anderen hingegen meinten: „Das schafft ihr schon, ihr macht das richtig!"
Eddie und ich besprachen mit Monika unsere Pläne. Um den Einkauf für einen so großen Haushalt realisieren zu können, waren und sind wir natürlich auf sehende Hilfe angewiesen. Egal ob Lieferservice oder Bekannte – Hilfe kostet Geld. An dieser Stelle sei erwähnt, dass dies ohne Blindengeld wohl kaum realisierbar wäre.
Weiterhin wollten wir Mutti, wenn Besorgungen oder Behördengänge anstanden, nicht allein lassen. Uns war die Idee gekommen, eine gute Bekannte von mir, Frau Fass, um Hilfe zu bitten. Diese war sehr freundlich und hatte bereits durch ihre Eltern Erfahrungen in der Pflege gesammelt. Sie lebt in dem kleinen Ort C. nahe unserer Heimatstadt.
Frau Fass machte ihrem Namen alle Ehre. Zudem litt sie unter

einer Krankheit und konnte somit nichts dafür. So hatte sie mich im März zu einer Rosenzüchtertagung in unsere Hauptstadt begleitet. Dort erreichten wir einen unfreiwilligen Bekanntheitsgrad. An diesem Event nahmen Teilnehmer aus allen Bundesländern teil. Am Morgen, nach dem ersten Sitzungstag, erhielt ich gleich nach dem Frühstück einen Anruf in meinem Hotelzimmer. Der Tagungsleiter höchstpersönlich war an der Strippe. Ich fragte mich gerade, was er denn so früh von mir wolle, da ertönte seine Stimme und die sagte mir ganz freundlich: „Bitte halten Sie Ihre Begleitung heute fern, erzählen Sie Ihr irgendetwas. Es haben sich mehrere Tagungsteilnehmer über den extremen Körpergeruch von Frau Fass beschwert und dies als Geruchsbelästigung deklariert." Vor Scham wäre ich am liebsten in diesem Moment in Grund und Boden versunken. Schließlich war ich es ja, die diesen Geruch seit unserer Abreise am frühen Morgen des Vortages ertragen musste. Zum Glück hatte jeder sein Einzelzimmer, denn ansonsten wäre ich wohl längst ins Koma gefallen. Auf der anderen Seite tat sie mir natürlich leid und ich dachte mir, um ihr nicht weh zu tun, eine Lügengeschichte aus.
Zu Hause angekommen, bewahrheitete sich das alte Sprichwort: „Wer den Schaden hat, braucht für den Spott nicht zu sorgen." Außerdem schwebte Eddie und mir vor, da man sich für Hilfsbereitschaft auch erkenntlich zeigt, Frau Fass mit Duschbädern, Badezusätzen und einem Gutschein aus der Parfümerie zu beglücken, was wir kurz darauf auch realisierten. Pralinen gab es natürlich auch. Trotz allem zeichnete sie sich durch ihre Liebenswürdigkeit und Hilfsbereitschaft aus und war ein gern gesehener Gast in unserem Haus. Um ihr nicht zu nahe zu treten und sie zu verletzen, behielten Eddie und ich diese Unannehmlichkeiten bezüglich des

Körpergeruchs für uns. Monika musste an dem Morgen, an dem Mutti entlassen werden sollte, in aller Frühe wieder abreisen. So machten wir uns am Vortag noch einmal auf ins Pflegeheim nach Z. Jens war mit von der Partie.

Zunächst begrüßten wir Muttis Freundin. Diese saß – wie immer – auf dem zugigen Flur und hatte gerade erfahren, dass unsere Mutter nun in die Häuslichkeit gehen würde. Sie weinte bitterlich, auch wenn sie immer wieder beteuerte, froh darüber zu sein, dass Mutti nun zu uns nach Hause könne. Unter Tränen bat sie uns darum, sie an ihrem Geburtstag zu besuchen. Dies versprachen wir gern.

Monika und Jens verschafften sich unterdessen einen Überblick über Muttis persönliche Unterlagen. Anschließend gingen wir gemeinsam ihre Sachen durch. Schließlich mussten Eddie, Jens und ich den Umzug realisieren. Mutti besaß eigene Möbel und Jens schlug uns vor, einen Transporter zu mieten. Auch wollte er sich um die nötigen Umzugskartons kümmern. Dankbar nahmen Eddie und ich sein Angebot an. Monika empfahl, die ersten Dokumente und wichtige Dinge, die Mutti zu Hause benötigen würde, gleich mitzunehmen. Den Heimplatz konnten wir leider immer noch nicht kündigen.

Anschließend kontaktierten wir gemeinsam Muttis behandelnde Ärztin in Z. und erledigten einen Großeinkauf. Eddies Kühlschrank gab rein gar nichts mehr her, da er in der Regel die Mahlzeiten bei mir einnahm.

Kaum standen wir wieder in Eddies Wohnung, klingelte es. Das Pflegebett wurde geliefert. Dann mussten wir auch schon wieder aufbrechen in meine Wohnung, da wir Frau Fass zum Kaffee eingeladen hatten. Eddie, Monika und ich besprachen mit ihr unsere Situation, den geplanten Umzug von Mutti, und baten sie um ihre Hilfe, welche sie gleich zusagte.

Im Anschluss daran gingen wir noch einmal auf einen Kurzbesuch ins Krankenhaus, damit Monika sich verabschieden konnte. Eddie und ich wurden immer unruhiger. Erneut versuchte Monika, uns Mut zu machen. Als sie gegangen war, schmiegten wir uns eng aneinander und zweifelten immer mehr. Die Betreuung war noch nicht befürwortet, eine Kündigung des Platzes so unmöglich. Wie sollten wir das bloß alles bezahlen und eine alte, schwerkranke Frau allein pflegen? Nach einer fast schlaflosen Nacht standen Eddie und ich am Morgen wie gerädert auf, versorgten die Kinder und versuchten, uns gegenseitig Mut zu machen. Erneut kam uns der Jakobsweg in den Sinn. Wie gern wären wir in diesem Moment einfach losgegangen.

Inzwischen war es fast Mittag geworden und ich entschloss mich, beim Amtsgericht anzurufen. Eddie brachte vor Aufregung kein Wort heraus. Die Richterin war gleich am Apparat und sagte: „Frau Olschewski, ich fahre jetzt sofort ins Krankenhaus zu ihrer Schwiegermutter, um mit ihr ein Gespräch zu führen. Bitte rufen Sie mich in ungefähr 2 Stunden wieder an. Bis dahin ist eine Entscheidung bezüglich der Betreuung gefällt."

In Kürze würde Mutti mit dem Krankentransport in Eddies Wohnung eintreffen und wir saßen noch immer in meinem Wohnzimmer im Ungewissen. Unsere Nervosität nahm zu. Ich rief nach bangem Warten wieder bei der Richterin an. Diese war gerade zur Tür hereingekommen und teilte mir mit: „Es ist alles in Ordnung. Ihr Lebensgefährte wird zum Betreuer seiner Mutter bestellt und der Heimplatz kann somit von ihm gekündigt werden. Frau Olschewski, Sie können am späten Nachmittag in die Geschäftsstelle kommen und den Beschluss abholen. Alles Weitere erfahren Sie dann." Ich legte

auf, schnappte Eddies Sachen und dieser rannte samt Kindern, Führhund und Mappen los in seine Wohnung. Ich hingegen wartete auf meine Freundin, mit der ich zu Muttis behandelnder Ärztin nach Z. fahren wollte, um eine Verordnung für alle auf dem Entlassungsschein stehenden Medikamente zu holen. Das Krankenhaus hatte uns zuvor freundlicherweise mitgeteilt, dass sie nur für den Abend und darauf folgenden Morgen Medikamente mitgeben könnten. Meine Freundin Bärbel erschien und das Telefon klingelte. Eine freundliche Justizangestellte des Amtsgerichtes meldete sich und teilte mir mit, dass ich den Beschluss, in dem Eddie zum Betreuer bestellt wurde, abholen könne.
Bärbel und ich sprangen mit meiner Führhündin „Betty" ins Auto und fuhren zunächst zum Gericht und anschließend in Eddies Wohnung. Vom Krankenwagen und Mutti immer noch keine Spur. Nach einer Stunde ertönte endlich das erlösende Klingeln. Mutti war zu Hause. Alle freuten sich mit ihr. Der Pflegedienst erschien wenige Minuten später, um sie bettfertig zu machen.
Wir unterhielten uns noch einen Moment und dann brachen Bärbel und ich auch schon wieder auf nach Z., um die notwendigen Verordnungen zu holen. Anschließend marschierten wir in eine Apotheke und als das endlich alles erledigt war, musste ich noch ein paar Sachen für mich und die Kinder in Eddies Wohnung transportieren. Jetzt hatten wir zwei Kinder, zwei Hunde sowie einen Pflegefall und brauchten nur noch allem gerecht zu werden. Natürlich stand eine Frage im Raum: „Wie?"

14 PONFERRADA

Unser Plan war Realität geworden. Der größte Teil des Jakobsweges lag hinter uns. Eddies und mein Selbstvertrauen wuchsen mit jedem Kilometer. Über viele Dinge hatten wir bewusst oder auch unbewusst nachgedacht und Antworten auf die meisten unserer Fragen gefunden.
So marschierten wir schließlich in der circa 67000 Einwohner zählenden Stadt Ponferrada ein und wollten uns nach vielen Entbehrungen ein richtig gutes Hotel gönnen. „Ponferrada Plaza" hieß das von uns gewählte Domizil. Zu unserem Erstaunen holte der Angestellte, der an der Rezeption Dienst tat, sofort den Restaurantleiter, welcher sehr gut deutsch sprach. Dieser kümmerte sich rührend um uns und geleitete uns sogar auf das Zimmer. Die Fahrstühle hatten, wie überall in Spanien, eine Beschriftung in Blindenschrift. Ebenfalls waren uns die vorbildlichen Blindenleitsysteme in ganz Nordspanien aufgefallen, die vielen akustischen Ampeln und Fußgängerüberwege. Das, wofür in Deutschland gekämpft wurde, gab es hier längst. Unser Zimmer war warm und gemütlich, so dass wir beschlossen, zwei Nächte zu bleiben. Am Abend frönten wir, entgegen jeder Pilgerart, weiter dem Luxus und ließen es uns bei einem herrlichen Menü und Rotwein im Hotelrestaurant gut gehen.
Eddie und ich schliefen nach langer Zeit wieder einmal in einem warmen Zimmer in weichen Betten und erhielten am Morgen ein für spanische Verhältnisse üppiges Frühstück. Die Bedienung sprach leider kein Englisch und wir immer noch zu wenig Spanisch. Aber das war kein Problem. Unsere Frühstücksfee holte einfach die Dame von der Rezeption und

Blick aus dem Hotelzimmer auf Ponferrada

diese zählte uns die Leckereien des Büfetts in englischer Sprache auf.
Der Tag begrüßte uns mit strahlendem Sonnenschein, es war am frühen Vormittag schon sehr heiß und wir zogen los, die Altstadt von Ponferrada zu erobern. Zuvor hatte ich mich an der Rezeption des Hotels informiert, wie man dorthin gelangte. Es war traumhaft, durch die Stadt zu bummeln, wir waren glücklich und mit der Welt zufrieden. Wann waren mein Mann und ich das letzte Mal so unbeschwert und frei gewesen? Dies lag Jahre zurück. Irgendwann betraten wir eine Bar, ich bestellte Kaffee und versuchte, dem Chef durch Gesten unseren Essenswunsch verständlich zu machen. Mein Handy klingelte, unser blinder Freund aus Waren-Müritz war an der Strippe: „Ich wollte mal hören, wie es euch so ergeht."
Ich rasselte im Telegrammstil die Erlebnisse der letzten Tage

Vorbildliche Blindenleitsysteme am Zebrastreifen

hinunter und er war froh, dass wir unsere Pilgertour bis dahin so gut überstanden hatten.
Ein Kellner erschien und baute einen Teller sowie zwei Tassen vor uns auf. Nach Kaffee duftete das aber nicht. Ich tastete herum, fand einen Löffel, rührte in der Tasse und glaubte, Pudding vor mir zu haben. So schmeckte es auch. Auf dem Teller aber lagen irgendwelche in Öl oder Schmalz gebackene längliche Stücke, die fad schmeckten und vor Fett trieften. Wir lachten, stürzten den „Pudding" hinunter und zahlten, nachdem Eddie die fettigen Teile vertilgt hatte. Er sagte lachend: „Ich habe Hunger und mein Magen verträgt das schon." Nun gut, Pillen und Tabletten befanden sich ausreichend in unserem Gepäck, denn bisher waren wir sehr gut ohne diese ausgekommen.
Auf dem Rückweg in unsere Luxusunterkunft entdeckten

Die Altstadt von Ponferrada

wir ein Fastfood-Restaurant. Auch ich war hungrig und so stürzten Eddie und ich hinein. Dort sprach man ausgezeichnet Englisch, war sehr hilfsbereit und kaum hatten wir Platz genommen, stand ein Menü aus Pommes, Burgern und Cola vor uns. Die Fritten waren ausgezeichnet, die Hamburger ungenießbar. Sie schmeckten angebrannt und bestanden aus einem Brötchen mit Fleischscheibe. Soße oder Gurke suchten wir vergeblich. Aber das tat unserer Hochstimmung keinen Abbruch. Wir hatten auf unserer Tour viel gelernt, waren wesentlich selbstbewusster geworden und wussten, was man mit einem ordentlichen Orientierungs- und Mobilitätstraining

erreichen konnte. Und jetzt war es uns sogar gelungen, einen großen Teil der Altstadt von Ponferrada zu erkunden.
Natürlich kann man das nicht für jeden Menschen verallgemeinern, sondern sollte immer den unterschiedlichen Fähigkeiten und Fertigkeiten der Betroffenen Rechnung tragen. Zorn stieg langsam in mir hoch, je mehr ich darüber nachdachte, und ich zischelte Eddie zu: „Wie konnte man nur die ohnehin so knappe Stundenanzahl des Mobilitätstrainings kürzen und jetzt auch noch ans Blindengeld gehen? Wissen diese Leute überhaupt etwas über blinde Menschen und deren Leben?" „Neee", meinte Eddie, „dann würde man dies nicht tun. Das wird alles vom ‚Grünen Tisch' aus entschieden." Weiter wütete ich: „Und überhaupt, um jedes bisschen Barrierefreiheit wird bei uns ein Riesentheater veranstaltet. Man tut sich schwer und ständig heißt es: Zu teuer! Und hier ist alles vorhanden. Wie wäre es denn, wenn man sich mal so etwas von den Spaniern abgucken würde?"
Mein Mann und ich mussten uns beruhigen und so kehrten wir in die Hotelbar ein, tranken Kaffee und sprachen über die nächsten Etappen. Mit Wehmut dachten wir an den nächsten Morgen, wo es wieder Abschied nehmen hieß. Eddie und ich mussten weiterziehen. In kurzer Zeit würden wir Sarria erreichen, wo die für den Erhalt der Compostela wichtigen Kilometer begannen. War die Pilgerurkunde für uns in Pamplona noch ohne Bedeutung gewesen, hatten Eddie und ich unsere Meinung im Laufe der Zeit völlig geändert. Jeden der geforderten Kilometer würden wir unter unsere Füße nehmen, egal wie. Eddie tat kund: „Und wenn wir auf allen Vieren kriechen müssen."

15 DER LETZTE TEIL DES CAMINO

Ich stand vor einem Geschäft in Sarria. Eddie war hineingegangen, um nach einer Unterkunft zu fragen. Plötzlich wurde ich am Rucksack gepackt und in eine andere Richtung gedreht. Hinter mir ertönte eine Männerstimme: „Arriba, Camino de Santiago!" Erschrocken wandte ich mich um und stotterte: „Ich suche Habitacion doble con Banjo." Mein Gestammle sollte so etwas wie „Ich suche ein Doppelzimmer mit Bad!" heißen. Der Herr sprach mit mir, begriff, dass ich nichts verstand und packte mein Handgelenk, um mich mit sich zu ziehen.
Nach einer Straßenüberquerung und einigen Metern geradeaus blieben wir stehen. Er klingelte an einer Tür, nahm schließlich sein Handy aus der Jacke und telefonierte. Auf mein Lamento, dass ich nicht allein sei und Eddie im Laden stehen würde, reagierte er nicht. So zeigte ich immer wieder in die andere Richtung und jammerte nun in drei Sprachen: „Mein Freund, my Boyfriend, mi Amigo!" Er sauste los und ich tapste hinterher. Da hörte ich Eddie auch schon meinen Namen rufen. Der Herr kam zurück mit meinem Gefährten im Schlepptau. Inzwischen hatte sich eine Dame dazugesellt. Diese schob uns in einen Hausflur, fuchtelte wild mit den Armen und redete unaufhörlich. Wir schlossen daraus, dass sie über ein freies Zimmer verfügte. Wieder wurde ich gepackt und in einen engen Fahrstuhl gedrückt. Eddie stand schon drin und füllte samt Rucksack das Innere dieses Lifts aus. Ich machte mich frei und stürzte zurück in den Hausflur. Jetzt sprach die Frau deutsch: „Warte hier, ich komm gleich!" Einige Minuten vergingen und nun wurde auch ich nach oben befördert. Der Fahrstuhl war so eng, dass ich Platzangst bekam. Oben schob

Unsere Unterkunft in Sarria

sie mich in ein Zimmer und raunzte: „Blind und den Camino, ts, ts, ts! Den Schlüssel nächsten Morgen steckenlassen! Was ist mit Geld? Dreißig Euro?!" Schnell drückten wir ihr dreißig Euro in die Hand, dann schloss sich die Tür auch schon wieder. Völlig verdutzt standen wir im Raum. Das Zimmer roch fürchterlich nach Bohnerwachs, Rauch und irgendwie verbrannt. Wir suchten das Fenster und rissen es auf. Die Betten waren Schaukeln, die Überdecken nahmen wir gar nicht erst ab, schließlich hatten wir Schlafsäcke. Die Badtür konnte man nicht einmal schließen, wenn man vor dem Waschbecken stand oder auf dem Klo hockte. Wohin waren wir nur geraten? Ich überlegte laut: „Eddie, zunächst sollten wir den Weg für morgen erkunden, etwas essen und die Touristeninformation aufsuchen, um vielleicht ein besseres Zimmer in einer der privaten Alberguen zu bekommen." Dieser stimmte

In Sarria

mir zu. Wir legten unsere Rucksäcke ab und stürmten aus dem Raum.
Der Weg war einfach, einige Meter zurück bis zur Querstraße, einmal gedreht und bergauf. Mit dem Langstock ertastete Eddie in den Boden gelassene Muscheln, welche typische Wegweiser waren. Rechts ging es weiter eine kleine Straße hinauf. Sie führte aus Sarria heraus. Nun wieder links und nach einem halben Kilometer kamen wir an eine Brücke, die in unserem Outdoorführer beschrieben war. Eddie und ich marschierten weiter laut Buch. Nach wenigen Hundert Metern gelangten wir auch an die besagten Bahnschienen. Ich wandte mich fragend Eddie zu: „Wollen wir langsam den Rückweg

antreten?" Dieser erwiderte: „Natürlich, ich habe jetzt Hunger und Durst. Die Strecke für morgen ist ja klar."
Da hörten wir eilige, schwere Schritte. Das konnte nur ein Pilger sein. „Buen Camino!", rief jemand. Wir erwiderten den Gruß. Plötzlich kam der Mann zurück und sprach uns an. Er war ebenfalls aus dem Norden Deutschlands, berichtete von seinem schweren Sturz am Vortag, der aus Unachtsamkeit erfolgt war, und von seinem Krankenhausaufenthalt in Lugo. Weiterhin erfolgte eine Entschuldigung bezüglich seines schrecklichen, durch den Unfall verursachten Aussehens. Er fing zu weinen an und bemerkte nicht einmal, dass wir blind waren. Der Pilger war, wie wir, in St. Jean Pied de Port gestartet, im Schnitt 40 Kilometer pro Tag gelaufen und wollte nur noch raus aus Sarria um nachzudenken, ob er den Jakobsweg an dieser Stelle beenden sollte. Wir befragten ihn nach dem Krankenhausaufenthalt und seinen Pilgererfahrungen. „Der Doc sowie die Technik in der Klinik waren klasse und man hat sich rührend um mich gesorgt. Weiterhin waren die gesamte Behandlung, Verpflegung und Übernachtung für mich als Pilger gratis", lautete die Antwort. Er sei aber ein Einzelgänger und ich fragte jetzt direkt, ob er immer so durchs Leben hetze. Dies bejahte der Mann. Wir redeten lange und versuchten, ihm Mut zu machen. Schließlich verabschiedete der Herr sich von Eddie und mir, nicht ohne sich für das hilfreiche Gespräch zu bedanken. „Nicht dafür", erwiderten wir, denn das war doch das Mindeste, was mein Gefährte und ich einem anderen Menschen geben konnten.
Nach diesem Erlebnis waren wir sehr aufgewühlt und es hallte noch einige Tage in uns nach. Eddie und ich hatten viel erlebt und waren zahlreichen Schicksalen begegnet. So liefen Menschen, die an Parkinson erkrankt waren, den Camino oder

schwer Gehbehinderte sowie auch ein Krebskranker im letzten Stadium, der den Wunsch hatte auf dem Jakobsweg zu sterben. Was auch geschah.
Still und jeder seinen eigenen Gedanken nachhängend gingen wir in die Stadt zurück. Dort angekommen, fanden wir zunächst zwei Supermärkte, in welche wir zu einem späteren Zeitpunkt einkehren wollten, und Läden über Läden. An eine Bar war jedoch nicht zu denken. Eddie sprach einen Passanten an. Dieser nahm mich bei der Hand und brachte uns so in das gewünschte Domizil. Mit der Essensbestellung hatten wir wie immer so unsere Probleme und es blieb für uns erneut bei Cola und Kaffee.
Der Schreck durchfuhr mich plötzlich. Wir waren in Sarria und hatten bisher noch keinen Stempel im Pilgerpass. Dies bedeutete zahlen und losgehen. Unser Handbuch in Form von Kassetten hatten wir natürlich nicht dabei und so rannten Eddie und ich in der Stadt herum. Die Touristeninformation war beim besten Willen nicht zu finden. Dafür waren wir bei sengender Hitze und mit unseren Pferdedeckenjacken bekleidet immer bergauf durch die Stadt gekeucht, so dass wir auf der anderen Seite wieder hinausgelangten. Also umdrehen und einfach mal nach links abbiegen! Leider dauerte es Ewigkeiten bis wir endlich einem Passanten begegneten. Den Rückweg hätten mein Gefährte und ich nach unserem Kreuz- und Quergerenne sowieso nicht mehr gefunden. So fragten wir nach einem Albergue. Wieder der übliche spanische Wortschwall, Alkoholdunst schlug uns entgegen, aber scheinbar war dies der richtige Weg. Falls ich wenigstens das Nötigste verstanden hatte, ging vor uns ein Pilger. Wir bedankten uns und hasteten hinterher. Auf einmal war er verschwunden. Eddie und ich standen vor einer nicht enden

wollenden Steintreppe. Wo ging es jetzt weiter? Schwer atmend und schwitzend erklommen wir erstmal die Stufen. Da hörte ich Stühlerücken und das Geklapper von Geschirr. Es handelte sich unschwer um eine Bar und schräg gegenüber fanden wir auch die staatliche galicische Herberge.
Eine Dame drückte uns die langersehnten und schwer erkämpften Stempel in die Pässe. Dass wir dort nicht übernachten wollten, konnte sie sich schon denken.
Wir traten wieder auf die Straße und ich fragte laut: „Wohin jetzt, Eddie?" Dieser erwiderte zögernd: „Ich habe absolut keine Idee, aber da wir ständig bergauf gerannt sind, kommt jetzt nur das Gegenteil in Frage!" Also einfach drauflos stolziert und nach wenigen Metern ertasteten unsere Langstöcke eine Treppe. Es konnte nicht dieselbe wie zuvor sein, denn diese erschien uns wesentlich steiler. Schließlich kamen wir an eine Querstraße und schlussfolgerten rechts abbiegen zu müssen, um wieder auf die Hauptstraße zu gelangen. Nach etlichen Metern landeten wir auch dort. Mein Gefährte und ich waren, wie schon so oft, riesige Umwege gelaufen. Jetzt noch in den Supermarkt, den Einkauf für das Abendbrot und Frühstück erledigen und ab in die Unterkunft.
Wir hatten mächtigen Hunger. Mit unseren Einkäufen am Arm betraten Eddie und ich erneut die Straße. Nach wenigen Metern merkten wir, dass Aus- und Eingang des Marktes auf keinen Fall übereinstimmten. Was hatte das nun wieder zu bedeuten? Zunächst zottelten wir nach rechts. Das brachte gar nichts. Also zurück und nach links marschiert. Ein Herr sprach uns an und sagte uns, dass dies richtig sei. Wir durchschritten eine enge Gasse und standen plötzlich in der Hauptstraße, wenige Meter von unserer Unterkunft entfernt.
Eins stand fest! Den Fahrstuhl wollten wir nicht noch einmal

betreten. Aber was war das? Treppen gab es, aber nur bis zur zweiten Etage, und wir mussten in die Dritte! Also doch wieder in den engen Lift, der selbst in dieser Kaschemme eine Beschriftung in Blindenschrift hatte. Oben angekommen aßen wir Brot und Käse und wären am liebsten ins Bett gefallen. Allerdings fühlten wir uns in diesem Haus nicht wohl und rannten, kaum den letzten Bissen hinuntergeschluckt, wieder aus dem Zimmer, hinein in die nächste Bar. Lieber diesen Krach und Lärm dort ertragen, als in der so verbrannt riechenden Bude ohne Notausgang zu hocken.

Nach eineinhalb Stunden traten wir den Heimweg an und gingen zunächst unter die Dusche. Beim Abtasten nach einer Ablage für Shampoo und Duschbad bemerkte Eddie dicke Schimmelspuren und machte mich darauf aufmerksam. Das passte zu dieser Absteige. Dann krochen wir hundemüde in unsere Schlafsäcke. In der Nacht wachten Eddie und ich mehrfach auf und sehnten den Morgen herbei, denn das Bett quietschte und war völlig durchgelegen und somit alles andere als bequem.

16   NEUER TAG, NEUES GLÜCK

Endlich brach der Tag an. Wir streckten unsere müden Knochen aus, verpackten in aller Eile unsere paar Habseligkeiten, aßen etwas Brot und sehnten uns nach einem Kaffee. Auf das tägliche Wäsche waschen hatten wir in dieser feuchten Unterkunft lieber verzichtet. Dies musste aber dringend nachgeholt werden, wenn Eddie und ich nicht als Geruchsbelästigung in die Geschichte des Camino eingehen wollten. Gegen 7.30 Uhr standen wir auf der Straße und verließen die Stadt. Eddie holte unseren Lichtdetektor aus der Jackentasche und stellte damit fest, dass es noch dunkel war. Also setzten wir unsere Kopflampen auf, schließlich sollten andere uns sehen können. Kaum waren Eddie und ich an der Brücke angekommen, stießen unzählige Pilger zu uns und eine wahre Völkerwanderung begann. Eines war zu merken, ab hier begannen die geforderten Kilometer für die Pilgerurkunde und viele Leute stiegen in Sarria erst ein.
Zunächst kannten wir den Wegverlauf gut und liefen im Strom der Pilger mit. Schließlich erreichten mein Gefährte und ich eine kleine Holzbrücke, über die uns ein deutsches Pärchen lotste. Danach ging es in den Wald und steil den Berg hinauf. Wir keuchten, hatten kaum etwas im Magen und der Kaffee fehlte auch. Oben angekommen, legten wir eine kleine Rast ein, um unseren Outdoorführer abzuhören. Plötzlich ertönte eine Stimme: „Wer hat denn hier mitten im Wald ein Radio an und dann auch noch einen deutschen Sender?" Ein junger Mann stand vor uns, stellte sich als Fabian vor und dann waren wir auch schon in eine angeregte Unterhaltung vertieft. Sein Etappenziel für diesen Tag hieß Portomarin und unseres

Kurze Rast vor Morgade

Morgade. Da die Wege in Galicien oft sehr beschwerlich sind, hatten mein Partner und ich uns entschlossen, die Tagesetappen nicht zu hoch anzusetzen. Fabian schlug vor: „Gehen wir doch ein Stück des Weges gemeinsam!" Eddie und ich willigten ein, holten unser Handy aus der Tasche und wollten, wie im Handbuch geraten, unser Nachtquartier reservieren. Unser junger Freund erbot sich, dies zu übernehmen. Er verfügte im Gegensatz zu uns über recht gute Spanischkenntnisse. Das war schnell erledigt und Eddie und ich wussten nun, wo wir am Abend unser müdes Haupt betten konnten.
Weiter ging es diesmal auf einem recht guten, ebenen Weg. Wir gelangten in das nächste Dorf und hofften eine Bar zu finden, leider vergeblich. Also hieß es: weitermarschieren! Ich ging vor und Eddie und Fabian unterhielten sich angeregt. Sie waren so in ihr Gespräch vertieft, dass mein Freund nicht

Die legendären Steinmauern in Galicien, die oft den Jakobsweg begleiten

sonderlich auf den Weg achtete und stürzte. Zum Glück nur auf die Knie, was ihm aber eine kaputte Hose und Schürfwunden einbrachte. Wir liefen noch einige hundert Meter gemeinsam mit Fabian, er machte noch ein paar Fotos von uns und dann hieß es auch schon wieder: „Buen Camino."
Fabian hatte noch einen weiten Weg vor sich. Eddie und ich trotteten gemächlich weiter und genossen das herrliche Wetter und den schönen Waldweg. Irgendwann wurden Hunger und Koffeinmangel immer stärker und wir stolperten ziemlich gefrustet vor uns hin. Zum Glück war kein Mobilitätstrainer in der Nähe. Dieser hätte uns gründlich in die Schranken gewiesen bezüglich unserer unmöglichen Langstocktechnik, welche

Auf dem Weg nach Morgade

mit unserer Miesepetrigkeit aufkam. Dann gelangten mein Partner und ich an eine kleine Asphaltstraße, die wir überqueren mussten. Was war denn das? Von rechts hörten wir Stimmen und andere Geräusche. Es klang wie das Klappern von Geschirr und wie das Rücken von Stühlen. Ich wandte mich verwundert an Eddie: „Hier mitten in der Wildnis kann doch unmöglich eine Bar oder ein Restaurant sein! Ob ich schon an Halluzinationen leide?". „Lass uns nachschauen", meinte dieser.
Wir hatten tatsächlich unsere heiß ersehnte Bar gefunden, in welcher es herrlich nach Kaffee duftete. Jemand tippte mir auf die Schulter und fragte: „Ihr wollt doch sicher etwas essen und Kaffee trinken? Wenn ihr möchtet, erledige ich das für euch. Ihr könnt schon einmal draußen nach Plätzen Ausschau halten." Wir hatten unsere Bekanntschaft vom Morgen,

Fabian, wiedergetroffen. Dieser saß in der Bar und schrieb gerade Tagebuch, als mein Freund und ich zur Tür hereinschneiten. Eddie holte Geld aus der Tasche und drückte es Fabian in die Hand. Wir teilten ihm unsere Wünsche mit und taten kund, dass auch er sich etwas aussuchen solle. Dann liefen wir los, um draußen Plätze zu ordern.
Eddie und ich landeten an einem Tisch mit zwei Amerikanerinnen. Eine der Damen sprach mich sofort an und erzählte mir, dass sie aus Florida kämen und sie in der Jawscompanie tätig wäre. Ich war überrascht. Jaws war unser sogenannter Screenreader, welcher aus den USA kam, die Sprachausgabe unseres Computers. Das war ein Ding. Wir saßen mitten in der spanischen Walachei und unterhielten uns mit einer Fachfrau angeregt über Blindenhilfsmittel. Fabian war in der Zwischenzeit mit Essen und Trinken an den Tisch zurückgekehrt und hörte gespannt zu. Auf einmal lachten alle um uns herum. Nur Eddie und ich verstanden gar nichts, bis Fabian uns schließlich die Situation erklärte. Eine Bäuerin jagte völlig aufgelöst einer Kuh hinterher, die ihre eigenen Wege gehen wollte. Die beiden Amerikanerinnen verabschiedeten sich schließlich und wir drei plauderten weiter. Unser neuer Freund berichtete uns, dass er den Camino gemeinsam mit seiner Freundin begonnen hatte. Diese war nach einigen Etappen wieder nach Hause geflogen und seitdem hatte er nichts mehr von ihr gehört. Auch würden seine Finanzen langsam zu Ende gehen. Eddie und ich wollten noch einen zweiten Kaffee trinken und Fabian brach auf, nicht ohne uns vorher die Weiterführung des Camino zu erklären. Nun erfreuten wir uns einfach an dem Tag und genossen die Stille um uns herum. Die meisten Pilger waren inzwischen weitergezogen.
Eine Stunde später machten auch wir uns wieder auf den Weg.

Zunächst ging es über gute Waldwege weiter, die ausreichend Schatten spendeten, denn es war inzwischen sehr heiß geworden. Wir durchwanderten noch ein oder zwei Dörfer, machten Fotos und telefonierten bei einer kurzen Rast mit den Daheimgebliebenen. Die Rucksäcke hatten wir an eine für Galicien typische Mauer aus Stein gelehnt, welche mein Gefährte zuvor gründlich abgetastet hatte. Eddie und ich stellten uns immer wieder vor, wie alt diese Feldsteinmauern wohl gewesen sein mögen, da sie oft von Moos und Farnen bewachsen waren. Dann setzten mein Freund und ich unseren Weg fort und gelangten einstimmig zu der Auffassung, dass das Etappenziel für diesen Tag eigentlich bald erreicht sein müsste.

Ich lief jetzt vor und so durchschritten wir das nächste Dorf. Eddie ging einige Meter hinter mir und eine Frau bot ihm ganz freundlich zu trinken sowie ein Nachtquartier an. Ich musste schmunzeln, denn mich hatte sie völlig ignoriert. Kaum hatten Eddie und ich den Ort, wie wir meinten, hinter uns gelassen, ging der Jakobsweg auf einer Asphaltstraße weiter. Zum Glück immer bergab. Die Sonne brannte jetzt gnadenlos. Wir setzten unsere Rucksäcke kurz ab und griffen gierig nach unseren Trinkflaschen. Hoffentlich war es nicht mehr weit, denn wir hatten kein Wasser mehr. Also weiter, irgendwann musste doch Morgade erreicht sein.

Nach wenigen Metern bogen wir rechts ab, gelangten in eine Bar und waren auch in unserem Quartier angekommen. Dies war wieder einmal typisch für Blinde, denn sehend hätten wir unser Ziel erspähen können und nicht noch eine längere Pause eingelegt. Das Haus war urgemütlich und aus groben Steinen, wie in Galicien üblich. Wir bezogen ein niedliches Minizimmer, duschten im angrenzenden Minibad und trabten

Unterkunft in Morgade

mit unseren verschwitzten Klamotten zur Wirtin, um nach einer Waschgelegenheit für diese zu fragen. Sie führte uns über den Hof und öffnete einen Verschlag, hinter welchem sich eine Waschmaschine befand. Anschließend begleitete sie Eddie und mich hinter das Haus in die Sonne und bedeutete uns, auf einer Terrasse Platz zu nehmen. Die freundliche Wirtin servierte Getränke und wir freuten uns über diesen herrlichen Nachmittag, den wir hier mitten in der Natur verbringen durften. Es dauerte nicht lange, bis ein spanisches Paar sich zu uns gesellte. Die Señora versorgte sofort Eddies Schürfwunden und ich nähte notdürftig seine kaputte Hose.
Abends versammelte sich die kleine Pilgerrunde im Speiseraum, wo alle ein tolles Menü serviert bekamen. Dieses kleine, urgemütliche Haus war wirklich ein guter Tipp unseres Outdoorführers. Am Nachbartisch hatten ebenfalls Deutsche

Platz genommen, mit denen wir schnell ins Gespräch kamen. Es handelte sich um Vater und Sohn. Sie waren in Sarria eingestiegen und hatten ihre erste Etappe hinter sich gebracht. Später machten wir noch weitere Bekanntschaften und genossen diesen wunderbaren Abend. Gegen 22.00 Uhr gingen Eddie und ich zu Bett. Ich machte es mir in seinen Armen bequem und bemerkte, dass dieser immer nachdenklicher wurde. Er erzählte mir leise von seinen Erfahrungen während der Erblindung und den Jahren seiner Ehe. Sein hoher Augendruck hatte im Laufe seines Lebens immer wieder für Entlastungsoperationen gesorgt und trat oft gehäuft auf. Martha konnte und wollte sich wahrscheinlich auch oft, um ihren in diesen Momenten völlig hilflosen Mann, nicht kümmern. Schließlich war sie gerade mal 18 Jahre alt als die beiden heirateten und wenige Wochen später kam auch schon ein Baby auf die Welt. Hinzu kam noch ihre Berufstätigkeit im Schichtdienst als Köchin.

Eddie hingegen wusste so manches Mal nicht, wie er in die Augenklinik oder zum Notarzt gelangen sollte und berichtete mir von seiner Verzweiflung in diesen Momenten. Stattdessen sah Martha nur den einen Ausweg, dass Eddie in ein Heim ziehen sollte und ging eigene Wege. In diesen Augenblicken wurde er sich stets seiner völligen Hilflosigkeit bewusst und es tat ihm immer noch verdammt weh.

Eine Trennung war nicht ohne weiteres möglich, da er neuerblindet sein Leben allein nicht meistern konnte. Unmittelbar nach Eddies Rehabilitation, er flocht jetzt Körbe, war Martha sich nicht zu schade, heimlich allein einen Urlaub in Ägypten zu verbringen und überließ Eddie das Kind.

Das Körbe flechten hatte er zu großen Teilen in einer Rehamaßnahme in Neukloster erlernt. Diese Rehabilitation war

ein großer Halt in seinem Leben, zumal sich nach der üblichen 3-monatigen Grundreha eine Ausbildung als Korbmacher anschloss. Eddie erzählte von dem stürmischen Rosenmontag im Februar 1989, als er mit klopfendem Herzen neben einem Arbeitskollegen im Auto hockte, welcher ihn, den Neuerblindeten, nach Neukloster in eine völlig fremde Umgebung brachte.
Zunächst fiel ihm das Zurechtfinden im Haus schwer und hohe Anforderungen wurden gestellt. Aber das Leben nach der Erblindung musste weitergehen. Das Erlernen der Punktschrift fiel Eddie nicht leicht, aber der Aufenthalt in dieser Einrichtung mit Gleichbetroffenen tat gut, wenn da nicht die bitteren Gedanken an Zuhause gewesen wären.
Nach drei Monaten begann die Ausbildung als Korbmacher. Leider fielen diese Grundrehabilitation sowie Eddies Umschulung der Wende und den Sparmaßnahmen zum Opfer. Mit einer halbfertigen Ausbildung kehrte er zurück in die Heimat. Sein Lehrgang war der letzte dieser Art in Neukloster.
Wieder zu Hause fasste Eddie wegen dem Kind sowie aus Angst, als blinder Mensch völlig allein auf sich gestellt zu sein, trotz der erlittenen Verletzungen, den Entschluss, mit Martha zusammenzubleiben. Viele Höhen und Tiefen durchzogen die Jahre bis es absolut nicht mehr ging und die Scheidungsformalitäten besprochen wurden. Eddie trug seine persönlichen Sachen zusammen, stapelte diese im Wäschekorb sowie in einer Reisetasche und zog in eine völlig leere Wohnung. Wochenlang vegetierte er dort vor sich hin, schlief auf einer Luftmatratze und lief zum Bäcker, um zu frühstücken. Das Mittagessen nahm er beim DRK ein und abends gab es ein Stück Brot auf die Hand. Sein Leben schien völlig zerbrochen und erneute Hoffnungslosigkeit machte sich breit. Ein

Ausweg schien nicht in Sicht. Irgendwann nahm Eddie seinen ganzen Mut zusammen, beantragte einen Kredit, kaufte sich davon das Allernötigste und sein Führhund Bob trat in sein Leben. Der Alltag wurde somit neu organisiert, ein wenig Hoffnung kam auf, das Kind zog zu ihm und ging auch wieder, häufige Umzüge waren die Folge. Und dann lernte Eddie mich kennen. Wir schlossen Freundschaft und sahen uns fortan oft.

Diese Jahre waren nicht spurlos an ihm vorübergegangen. Er litt unter Magenbeschwerden, welche im Laufe der Zeit zunahmen. Sein Gewicht betrug irgendwann nur noch knapp 60 Kilogramm. Seitdem geht es ohne Magentabletten nicht mehr.

Eddie nahm mich fester in die Arme und tat seufzend kund, dass es gut getan hätte, sich einiges von der Seele reden zu können.

17   EIN KAPUTTER RUCKSACK

Ausgeruht zogen wir am Morgen in Richtung Portomarin, unserem Etappenziel für diesen Tag, weiter. Wenige Meter hinter unserer Unterkunft sprach uns ein Herr aus Österreich an. Ein paar Worte, dann das übliche „Buen Camino" und weiter ging's, um gleich darauf in einen breiten Hohlweg zu geraten, der sich als wahre Steinpiste entpuppte. Langsam tasteten mein Freund und ich uns voran in der Gewissheit, dass auch dieser Abschnitt ein Ende nehmen würde. Plötzlich hörten wir die Stimme des Österreichers, der zurückgekommen war und sich anbot, uns dort durchzulotsen. Es ging immer bergauf, aber Eddie und ich hatten inzwischen mit unserer Kombination aus Lang- und Wanderstock eine gewisse Übung erlangt und so konnten wir diesen Streckenabschnitt gut meistern. Anschließend durchwanderten wir eine Ebene und gelangten in das Dorf, welches übersetzt „Alte Schmiede" bedeutet. Eddie schlug einen Barbesuch vor, um zu stempeln und einen Kaffee zu trinken.

Wieder auf dem Weg, ging es zunächst auf einer breiten, unbefahrenen Straße bergab. Dies konnte nur bedeuten, dass wir danach wieder den Berg hinaufklimmen mussten. Pilger überholten uns und wünschten einen weiteren guten Camino. Die Stimmen kannten wir, sie gehörten zu Christian aus der Schweiz und Lutz aus Deutschland. Wir hatten uns am Vorabend in Morgade kennengelernt. Beide Männer liefen schon seit Frankreich als Team und waren seit zirka 2 ½ Monaten unterwegs. Ihr Schritt passte einfach zusammen. Da hörten Eddie und ich, wie sich uns ein Fahrrad näherte. Und dann stand auch schon ein alter Bekannter vor uns. Es war unser

Dresdner und wir erfuhren, dass er tatsächlich verschlafen hatte und bis Irun durchgefahren war. Er wirkte ziemlich abgekämpft und hatte viel Pech mit seinem Rad in den vergangenen Wochen gehabt. Damit war sein gesamter Zeitplan hinfällig geworden. Unser Sachse wollte mit uns Kaffee trinken, nur das mussten wir leider ablehnen, denn Eddie und ich kamen gerade aus der Bar. So setzten wir unseren Weg allein fort. Zunächst ging es hoch und runter im galicischen Bergland auf gut ausgebauten, unbefahrenen Straßen, bis wir schließlich in den Wald gerieten. Das war jener berüchtigte „Hexenwald", in dem sich Hapes Begleitung verlaufen hatte, worauf der Sturz ins Flussbett erfolgte. Ein gewisses Unwohlsein stieg in mir auf und ich rief Eddie zu: „Wir haben eine Straße verlassen und uns auf diese steinige, halsbrecherische Piste in den Wald begeben, kann das überhaupt richtig sein? Auch finde ich den Wegverlauf sehr ungewöhnlich und niemand ist zu hören! Eddie, ich habe irgendwie ein komisches Gefühl!" Dieser erwiderte: „Lass uns gründlich mit den Stöcken Stück für Stück über den Wegesrand hinaus tasten, um eventuell auf Wegmarkierungen oder Pilgerwahrzeichen zu stoßen!" Des Weiteren schlug er vor: „Steffi, vielleicht sollten wir unseren Schritt etwas verlangsamen und darauf hoffen, dass andere uns überholen."

Ich willigte ein, denn nur zu vertraut waren uns inzwischen die Wegsteine mit den Tafeln, die fühlbaren Muscheln und der schwere Schritt der anderen Pilger.

Ein wenig später erfühlte Eddie plötzlich ein von Pilgern errichtetes Steinkreuz, auf welchem sich wahrscheinlich Fotos befanden. Dann nahm der Weg wieder einen recht merkwürdigen Verlauf und uns überkamen erneut Zweifel. Ein steiler und vor allem sehr steiniger Abstieg begann. Da hörten wir, wie sich uns schwere Schritte näherten. Also schnell hinterher und nur noch aus diesem Wald heraus. Endlich war es soweit, nach dem nächsten steilen, rutschigen Abstieg standen Eddie und ich auf einer kleinen Straße, hörten zunächst in die Umgebung hinein und ertasteten eine Bushaltestelle. Eigentlich hatten wir das Flussbett erwartet, in welches Hapes Begleiterin gestürzt war. Das war uns entgangen. Auch gab es mehrere Wege durch den Wald. Die Haltestelle lud förmlich zu einer ausgiebigen Rast ein. Der weitere Weg und sein Verlauf stellten kein großes Hindernis mehr da, bis auf den Abstieg hinab ins alte Portomarin. Dank unserer Wanderstöcke, die uns wie immer enormen Halt gaben, kamen wir heil und unversehrt unten an. Zuvor hatten wir noch einmal eine kurze Trinkpause eingelegt. Ich half Eddie beim Absetzen seines Rucksackes und fühlte dabei einen großen Riss. Ein Schreck durchfuhr mich und ich rief: „Eddie, jetzt haben wir ein Problem! Dein Rucksack hat einen Schlarz und ich glaube kaum, dass wir den so einfach ohne Maschine genäht bekommen. Ab morgen werden wohl deine Schlüpper als Wegmarkierung dienen, denn wo sollen wir hier einen anderen herbekommen?!"

Kurze Zeit später standen mein Partner und ich auch schon auf der Brücke, die über den Stausee und somit über das alte, 1962 geflutete Portomarin führte. Auf der anderen Seite angekommen, gingen Eddie und ich einfach rechts weiter, immer der Nase nach. Die Sonne stand hoch am Himmel und wir keuchten schwitzend einen steilen Berg hinauf, der sich in die Länge zog. Endlich oben angekommen, lehnten mein Gefährte und ich uns an die erst beste Mauer und hörten in die Umgebung. Stimmengewirr, lebhaftes Treiben, Lachen, dies deutete auf eine große Pilgerherberge hin. Wir rafften

Auf dem Weg nach Portomarin

uns auf und gingen den Stimmen nach. Leider war das Albergue wirklich sehr groß und kam damit für uns nicht in Frage. Man kann sich als Blinder nur sehr schwer zurechtfinden. Schon allein das Auffinden des Schlafplatzes oder der Sachen wurde zum Problem. Also beschlossen wir, zunächst nach links abzubiegen und standen nach wenigen Schritten mitten auf dem Marktplatz. Auf diesem befand sich die ins neue Dorf versetzte Kirche San Nicolàs. Links und rechts umsäumten Häuser und je eine große Bar den Platz. Eddie betrat eine, um nach einer Unterkunft zu fragen. Wenige Minuten später konnten wir ein Zimmer beziehen. Eddie und ich beschlossen, das Duschen auf später zu verlegen und uns zunächst kulinarischen Genüssen hinzugeben. Die Bedienung teilte auf Englisch mit, dass sie die Köchin holen würde, da diese Deutsch sprach. Innerhalb kurzer Zeit wurde uns ein

In Portomarin

köstliches Menü serviert. Den Abschluss bildete ein doppelter Espresso. Kaum stand dieser auf dem Tisch, erhielten wir Gesellschaft. Hain und Arne, Vater und Sohn, unsere Pilgerbekanntschaften vom Vorabend, nahmen an unserem Tisch Platz. Wir tauschten uns über die zurückgelegte Etappe aus und berichteten auch über den kaputten Rucksack. Im Gegensatz zu uns hatten die beiden schon Portomarin erkundet und nach einigen Kaffees brachen wir auf in ein Outdoorgeschäft. Eddie und ich hatten als Pilgerneulinge beim Rucksackkauf absolut nicht auf die Qualität und den Komfort geachtet, sondern nur auf den Preis. Jetzt erstanden wir mit Hains Hilfe gleich zwei neue tolle und vor allem richtige Outdoorrucksäcke. Der Supermarkt befand sich zwei Häuser weiter und so konnte auch gleich die Verpflegung für den nächsten Tag gekauft werden.

Jetzt mussten wir aber wirklich dringend unter die Dusche, bevor es ans Umpacken ging. Nachdem wir nun unsere schweren Bundeswehrcapes durch fast ganz Nordspanien geschleppt hatten, beschlossen Eddie und ich, uns von diesen sowie von unseren Isomatten zu trennen. Alles wurde in einer Ecke des Zimmers gestapelt.

Hain und Arne hatten in der Pension gegenüber ein Quartier bezogen und wir hofften, sie später zu treffen. Mein Freund und ich gingen wieder los. Wir spazierten über den Marktplatz, auf dem jetzt ein reges Treiben herrschte. Spanische Schulklassen waren zu den übrigen Pilgern gestoßen, welche ebenfalls einen Teil des Camino absolvierten. Da ertönte plötzlich ein wunderschönes Glockenspiel vom Kirchturm. Es handelte sich um ein Pilgerlied. Wir besichtigten die Kirche und ließen uns anschließend auf der Terrasse unserer Unterkunft nieder. Jemand setzte sich zu uns und fragte: „Habt ihr schon etwas bestellt?" Wir hatten Fabian wiedergetroffen, den wir eigentlich schon kurz vor Santiago vermuteten. Das Treiben auf dem Marktplatz nahm zu und wir verlebten in Portomarin einen wunderschönen Abend.

Brave Pilger, die wir waren, gingen wir früh zu Bett und schliefen auch schnell ein. Es dauerte nicht lange, bis Eddie und ich schmerzgeplagt hochschreckten. Bettfedern hatten sich in unsere Rücken und in andere wesentlich empfindlichere Körperteile gebohrt.

18   VENTAS DE NARÓN

Auch diese Nacht hatte irgendwann ein Ende. Natürlich waren wir am Morgen die Ersten beim Frühstück und staunten nicht schlecht, als uns der Wirt in vollendetem Deutsch begrüßte. Es stellte sich heraus, dass seine Frau und er 28 Jahre in Frankfurt am Main gelebt hatten.
Eddie und ich verließen Portomarin recht früh. Am Stausee angelangt, hörten wir andere Pilger auf einer Eisenbrücke, welche uns schon aus unserem Outdoorbuch bekannt war, jauchzen und kreischen. Uns war diese Brücke nicht ganz geheuer und so liefen wir einige Meter weiter zu der nächsten. Als Eddie und ich diese überquert hatten, fiel die weitere Orientierung nicht schwer. Wir waren am Vortag von links gekommen und mussten somit rechts weitergehen. Es folgte ein steiler Anstieg im Wald, der in einer Ebene endete. Anschließend ging es weit weniger schön auf einem Weg weiter, der parallel zur Straße verlief.
Mit uns waren viele Pilger unterwegs, so dass Eddie und ich unsere Kassetten mit dem Wegverlauf getrost im Rucksack lassen konnten. Wir brauchten nur den anderen hinterher zu traben.
Auf einmal ging es links in einen Waldweg hinein. Kaum dort angelangt, wurden wir von einer Frau angesprochen. Dem starken Akzent nach konnte es sich nur um eine Französin handeln. Sie sprach sehr gut Deutsch und fragte uns: „Möchten Sie nicht eine kurze Rast bei mir einlegen?" Eddie bejahte dies freudig und bat: „Hätten Sie vielleicht ein wenig Wasser, damit meine Frau sich die Hände kurz abspülen kann?" Diese klebten nämlich fürchterlich und dankbar gab ich meinem

Freund einen flüchtigen Kuss auf die Wange. Die Dame erwiderte: „Ich habe hier selbst nur in einem Zelt übernachtet. Wasser gibt es leider nicht auf diesem Grundstück. Der Besitzer ist ein Bekannter von mir und den Camino bin ich übrigens schon fünfmal gepilgert." Daraufhin plapperte ich ganz munter: „Madam, dann können Sie mir sicher sagen, wieviel Kilometer es ungefähr noch bis in den nächsten Ort sind und ob es da eine Bar gibt, in welcher wir einen Kaffee trinken können und ich mir die Hände waschen kann?" „Das weiß ich leider auch nicht", erwiderte die Dame ratlos.
Eddie und ich unterhielten uns noch ein wenig mit der Frau, setzten kurz darauf unsere Rucksäcke auf und zogen kopfschüttelnd weiter. Eins stand fest! Wer den Jakobsweg schon so oft gegangen war, musste sich auskennen und so kam uns diese Madam ziemlich merkwürdig vor.
Nach einem weiteren steilen Anstieg liefen wir auf einem schönen Waldweg weiter. Meine Hände klebten fürchterlich. Wovon, das wusste ich nicht. Nach einer Weile kam mir die Idee, einfach unser Trinkwasser zu nutzen, was ich Eddie auch sofort verkündete. Dieser schüttete mir ein wenig davon über die Hände und das Problem war behoben. Im selben Moment hörten wir hinter uns zwei Frauen lautstark in englischer Sprache streiten. Plötzlich lief eine von beiden im Eiltempo und Oldies singend an uns vorbei, während sich die andere zurückfallen ließ. Wir mussten schmunzeln und an Hapes Buch denken. Auch Eddie und ich erlebten es so wie er immer wieder, dass Freunde oder Paare sich auf dem Camino plötzlich trennten.
Nach einer Weile überholte uns die andere Dame mit dem üblichen Gruß und hinzu kam das „Congratulation". Inzwischen kannten wir die Bedeutung. Dieser Glückwunsch galt

Wegweiser für die Pilger auf dem Weg nach Ventas de Narón, die wir gut erfühlen konnten

uns als blinden Pilgern. Anfangs hatten wir uns darüber gewundert und Eddie hatte lachend ausgeführt: „Sag mal, hast du Geburtstag? Eigentlich ist der doch im April!"
Inzwischen waren auch die spanischen Schulklassen an uns vorbeigezogen. Sie liefen weit auseinander, denn jeder Pilger hat seinen eigenen Schritt und sein eigenes Tempo. Wir mussten wieder neben einer großen Straße herlaufen, um erneut in einen Wald zu gelangen. Eddie, nach Wegsteinen tastend, erfühlte plötzlich Holzbarrieren. Dem mussten wir unbedingt

nachgehen und untersuchten diese genauer. Es handelte sich um einen großen Rastplatz, welchen Eddie und ich für eine Trinkpause nutzten. Hain und Arne kamen des Wegs und riefen schon von weitem: „Habt ihr auch Hunger und Kaffeedurst?" Was für eine Frage! Na klar hatten wir, und so marschierten wir alle gemeinsam weiter. Hain rief: „Hier ist ein Schild mit einem Hinweis, dass sich 100 Meter weiter in Gonzar ein Casa mit einer Bar befindet. Wir müssen nur nach links abbiegen." Die paar Meter hatte unsere kleine Gruppe schnell absolviert, aber außer Natur war um uns herum nichts. Hain stellte schmunzelnd fest: „Das sind eben spanische 100 Meter!" Schließlich gelangten Hain, Arne, Eddie und ich in ein Dorf, nur eine Bar war zunächst nicht zu finden. Wir suchten eine Weile und standen plötzlich davor. Allem Anschein nach war sie geschlossen und ich schlug vor weiterzugehen, als sich die Tür öffnete. Man bat uns freundlich hinein. Zunächst kümmerten wir uns um unseren ersten Stempel für diesen Tag und wurden von einer deutschen Pilgergruppe angesprochen. Diese hatte uns schon am Vortag in Portomarin gesehen.

Hunger und Durst waren groß und so entschlossen wir uns, Rühreier mit Brot zu essen. Die Portionen waren sehr reichhaltig und unmöglich zu bewältigen.

Ein kleiner, junger und völlig abgemagerter Schäferhund strich um unsere Beine. Die Wirtin jagte ihn hinaus, aber er kam immer wieder. Das Tier wirkte sehr eingeschüchtert. Essen hatten wir genug und so fütterten Eddie und ich ihn heimlich. Am liebsten hätten wir ihn sofort mitgenommen, um ihn aufzupäppeln und als Spielgefährten für Betty. Wehmut beschlich uns und wir berichteten Hain und Arne von unseren eigenen Hunden. Stolz zeigte ich ein Foto meiner Süßen,

Rast in der Bar Gonzar

welches in unserem Kretaurlaub entstanden war und nun als Hintergrundbild meines Handys diente. Zum Glück ging es unseren Tieren gut. Wir pflegten regelmäßigen Kontakt zu Raimon per SMS. Es war richtig, dem Rat der Freunde der Jakobuspilger gefolgt zu sein und die Hunde zu Hause gelassen zu haben. Zum Einen konnten wir schlecht 15 Kilogramm Hundefutter über den Camino schleppen sowie die Näpfe, das nötige zusätzliche Wasser und die Hundedecken, und zum Anderen wussten wir meistens gar nicht, wo wir am Abend unser müdes Haupt betten sollten. In vielen Herbergen waren Hunde nicht gestattet, was wir auch gut verstehen konnten. Es handelte sich um Mehrbettzimmer und genug Pilger hatten auch eine Hundeallergie. Das kann man nicht mit einem Zweibettzimmer im Hotel vergleichen. Weiterhin konnte ein Hund nicht über so viele Stunden am Tag führen. Und mit Wander- und Langstock, beides war hier einfach für uns unentbehrlich, versehen, hätten wir keine Hand für die Leine oder das Geschirr mehr frei gehabt. Auch die oft sehr steinige Wegbeschaffenheit war nicht unbedingt das, was den Hundepfoten gut tat. Ebenfalls gab es viele Hindernisse, welche unser Führhund natürlich verweigert hätte, wir diese aber trotzdem meistern mussten. Sie zu umgehen, so wie zu Hause, das ging hier nicht. Damit hätten wir die Ausbildung des Hundes zunichte gemacht und für Mensch und Tier wäre der Stress unvermeidbar gewesen. Der Jakobsweg war eben nicht der Alltag, wo unsere Vierbeiner unser Leben sehr erleichtern.

Zum Glück ahnten Eddie und ich zu diesem Zeitpunkt noch nicht, welche Diskussionen wir damit auslösten, ohne unsere Hunde den Camino gegangen zu sein. Auf einmal hatte man Angst, dass die Krankenkassen nun keine Blindenführhunde mehr zahlen würden. Dies konnten wir in keiner Weise nachvollziehen. Ein abgeschlossenes Mobilitätstraining war unabdingbar die Voraussetzung für einen Führhund. Ebenfalls gab es immer Situationen, in denen ein Hund ausfallen konnte oder es die Wartezeit auf einen neuen Blindenführhund zu überbrücken galt.

Hain und Arne erzählten uns, dass auch sie Nordic-Walking-Stöcke dabei hatten und diese ihnen eine wertvolle Hilfe seien. Wir plauderten noch ein wenig, verabschiedeten uns von der Wirtin und brachen auf. Zunächst fragte ich Hain: „Müssen wir den Weg wieder zurückgehen oder geht es von hier aus direkt weiter?" Arne hatte in diesem Moment schon den nächsten Wegweiser entdeckt. Wir mussten nicht zurück und wollten zunächst der Dorfkirche einen Besuch abstatten, welche aber leider, so wie viele andere am Weg, verschlossen war.

Eddie

So gelangte unsere Gruppe nach kurzer Zeit an eine Straße, neben der wir herlaufen mussten. Der Weg war breit und gut begehbar. Auf einmal rief Arne seinem Vater zu: „Schau mal, dort ist wieder dieses große Schild für Autofahrer, welches darauf hinweist, dass an dieser Stelle Pilger die Straße überqueren." Davon hatten Eddie und ich bisher noch nichts gehört und Arne beschrieb es uns. Wir überquerten die Straße und liefen auf einem sehr schmalen Feldweg weiter. Sträucher und Büsche streiften uns. Inzwischen war es wieder mächtig heiß geworden und wir sehnten uns alle nach einer Dusche. Ich fragte Hain: „Was ist denn euer heutiges Etappenziel?"

Die beiden waren sich noch nicht so ganz darüber im Klaren. Sie stellten uns dieselbe Frage. Wir hatten uns auf Ventas de Narón geeinigt, was auch nicht mehr allzu weit entfernt sein konnte. Unsere beiden Nordlichter entschlossen sich nun, ebenfalls dort zu nächtigen. So erreichten wir schließlich Hospital de la Cruz. „Natron", wie Hain scherzhaft Ventas de Narón nannte, war nur noch zwei Kilometer entfernt. Arne lechzte nach Schokolade und Eis und uns Erwachsene plagte der Koffeinmangel. So fielen wir in die nächste Bar ein, machten es uns dann aber doch draußen, wie andere Pilger auch, gemütlich. Wir trafen wieder auf die stark gehbehinderte Dame aus dem englischsprachigen Raum, welche in Begleitung den Camino absolvierte. Trotz ihrer so schweren Behinderung trug sie ihren Trekkingrucksack selbst und legte ganz langsam Schritt für Schritt mit zwei Trekkingstöcken zum besseren Halt den Jakobsweg zurück. Wir waren uns im Laufe der Zeit schon einige Male über den Weg gelaufen.

Obwohl unsere Etappe an diesem Tag nicht sehr lang war, fühlten Hain, Arne, Eddie und ich uns ziemlich erschöpft. Die Hitze hatte ihr Übriges dazu beigetragen. Nach einer guten Stunde waren wir wieder etwas erholt und rafften uns langsam auf, die letzten Tageskilometer zurückzulegen. Zunächst hieß es, im Gänsemarsch auf dem Seitenstreifen einer breiten Straße entlang zu laufen, dann eine Riesenkreuzung zu überqueren, welche zum Glück nicht weiter befahren war, um das letzte Stück auf einem ruhigeren Weg weiter zu marschieren. Es dauerte nicht lange und wir standen vor dem „Casa Molar" in „Natron". Der Empfang war freundlich und schnell bemerkte Arne, dass außer uns scheinbar niemand hier ein Nachtquartier suchte. Der Wirt zeigte uns zwei Doppelzimmer und die beiden Räume der Herberge. Alles war sehr

Vor der Unterkunft in „Natron"

sauber, obwohl Hain meinte, lieber in ein Doppelzimmer zu ziehen, da es in den beiden Zimmern der Albergue zu sehr nach alten Socken muffelte. Wir trotteten in das zweite Doppelzimmer. Dieses war winzig und wenn einer von uns beiden etwas aus dem Rucksack holte, musste der andere auf dem Bett das Weite suchen. Eddie und ich duschten, wuschen in einem alten Steinwaschbecken hinter dem Haus, welches mit Moos überzogen war, unsere Wäsche, ertasteten Leinen und auch einen Trockner und zogen los, um den Ort zu erkunden. Nach dem Duschen waren wir, wie immer, wieder völlig fit. „Natron" war klein und verfügte noch über eine weitere Unterkunft mit Bar. Eine Einkaufsmöglichkeit gab es nicht. Hain

Unsere Unterkunft in „Natron"

und Arne liefen uns wieder über den Weg und wir bummelten gemeinsam zurück, um es uns auf der Terrasse vor unserer Unterkunft gemütlich zu machen. Die Wirtin servierte gekühlte Getränke. Hain nahm unsere Pilgerausweise und ging „stempeln", um dann mit uns die Stille in diesem kleinen Ort genießen zu können.

Irgendwann ging ich ins Zimmer, um unser Tagebuch aufzusprechen. Der Abend brach an. Plötzlich hörten wir eilige Schritte. Jemand wuselte um uns herum und telefonierte hastig in einer Sprache, die Eddie und ich nicht zuordnen konnten. Hain klärte uns auf. Es war dänisch, was er einmal in der Schule gelernt hatte. Wir hörten ein Auto vorfahren, eine Tür knallte und eine Frauenstimme ertönte. Hain erläuterte uns, dass noch mindestens achtzehn Leute dazu kämen und es sich um ein dänisches Fernsehteam handelte. Dieses drehte einen

Dokumentarfilm über den Camino. Die Hektik um uns herum nahm zu, denn auch die anderen flogen nach und nach ein. Jetzt übernahm Arne den Kommentar. Die Kamera war gezückt und die Gruppe begann mit Stretch- und Dehnübungen. Einer machte den Vorturner. Hain ermahnte seinen Sohn leise: „Psst, nicht so laut, bitte! Die Dänen verstehen garantiert deutsch."

Mit der Idylle war es schlagartig vorbei. Fluchtartig verließen wir die Terrasse und rannten in die andere Bar. Hain ließ sich dort sofort die Unterkünfte zeigen, welche bei ihm aber auf wenig Begeisterung stießen. Also mussten wir mit über zwanzig Leuten und zwei Toiletten sowie zwei Duschen und ein wenig Lärm vorlieb nehmen. Es gab aber schlimmeres.

Wir aßen und tranken und plauderten über den Camino. Dass Hain einige Sprachen beherrschte, hatten Eddie und ich schon mitbekommen. Nun erfuhren wir, dass beide aus Hamburg kamen und er als Dolmetscher im Berufsleben stand. Nach der Geburt seines Sohnes verzichtete er allerdings auf allzu lange Auslandsaufenthalte. Angeregt durch Hapes Buch, nutzten Arne und er die Herbstferien, um ein Stück des Jakobsweges zu laufen. Lachend berichtete er, dass sie allerdings vom „Grünen Tisch" aus geplant hatten. Die Realität sei anders und man wisse am Abend recht gut, was man getan hat. Wir kamen auf die Etappe von Morgade nach Portomarin zu sprechen. Es ging um den „Hexenwald" und das ausgetrocknete Flussbett. Auch Arne und Hain hatten es nicht entdeckt und so stellten wir die wildesten Vermutungen an, was man denn als dieses Flussbett hätte bezeichnen können. Arne holte sein Handy aus der Tasche und meinte: „Wenn ihr wollt, können wir uns diese Etappe gern noch einmal anhören. Ich habe das Hörbuch auf dem Handy." Nun hockten wir alle vier über den Tisch gebeugt und lauschten gebannt. Allerdings mussten wir zugeben, dass sich in den sieben Jahren, nachdem Hape den Camino gelaufen war, viel verändert hatte. Zum Beispiel gab es diesen gefährlichen Weg entlang der Straße, in welchem Hape und Begleitung fast angefahren wurden, so nicht mehr. Man hatte eine Autobahn über die Berge gebaut, welche 2007 fertiggestellt wurde, und Pilger konnten nun entspannt und ohne sich in Gefahr begeben zu müssen diesen Wegabschnitt zurücklegen.

Die Bar hatte sich inzwischen gefüllt. Wir hörten das Geräusch eines Langstockes und ich wandte mich fragend an unsere sehenden Begleiter. Hain und Arne stimmten uns zu. Ein Blinder hatte den Raum betreten. Die Wirtin trat an den Tisch und machte uns auf den Herren aufmerksam. Leider war eine Verständigung, auch unter Einbeziehung aller Anwesenden, unmöglich, da niemand von uns Vieren Spanisch beherrschte und die Spanier kein Englisch oder Deutsch.

Wir zahlten und gingen wieder in unsere Unterkunft zurück, um in der Bar noch einen Absacker vor dem zu Bett gehen zu uns zu nehmen. Dort herrschte ebenfalls ein reges Treiben und die Dänen warteten auf ihr Essen. Wir tranken noch etwas und legten uns müde ins Bett. Zuvor hatte Eddie noch den Wäschetrockner in den Hausflur vor unser Zimmer gestellt, da unsere Sachen noch feucht waren.

Nur was war mit unserem Bett? Eddie hatte sich auf seine Schlafseite gedreht und die ganze Liegestatt schaukelte gefährlich. Man hatte das Gefühl, zu zweit in einer Hängematte zu liegen. Vorsichtig hoben wir die Matratze an. Bestand das Kopfgestell des Bettes auch aus Holz, kam unter der Matratze ein wackliges, völlig instabiles Alugestell zum Vorschein. So waren wir in dieser Nacht damit beschäftigt, möglichst starr und still zu liegen, um nicht auf dem Fußboden zu landen und das ganze Haus zu wecken. Leider war das Zimmer zu winzig, denn ansonsten hätten wir die Matratze einfach auf den Boden befördert. Aber auch so eine Nacht neigt sich irgendwann dem Ende zu.

19 ERINNERUNG UND SELBSTÜBERWINDUNG

An einen erholsamen Schlaf war nicht zu denken gewesen. Ich hatte zurückgeblickt auf die letzten Wochen, in denen Eddie und ich unsere Selbstzweifel erneut überwinden mussten, ähnlich wie im Frühjahr, als wir die Pflege von Eddies Mutti übernahmen. Nur zu gut konnte ich mich an den Tag erinnern, an dem sie aus dem Krankenhaus entlassen wurde:
Ich schloss die Wohnungstür auf, Eddie und die Kinder nahmen mir das Gepäck ab. Erschöpft ließ ich mich auf einen Küchenstuhl plumpsen. Eddie hatte für uns alle schon das Abendessen gerichtet und bereitete mir zunächst einen Kaffee zu.
Nachdem wir die Kinder zu Bett gebracht hatten, setzten wir uns mit einem Glas Wein an Muttis Bett. Diese begann zu schluchzen: „Jetzt muss ich nie wieder in dieses Heim. Ihr glaubt gar nicht, welches Elend ich dort erlebt habe." Als sie sich wieder ein wenig beruhigt hatte, fragte Eddie, warum sie denn nie etwas gesagt hatte. Daraufhin erwiderte Mutti: „Ach Edwin, lass gut sein. Es hätte doch nur Ärger gegeben. Nun bin ich ja bei euch, bei meiner Familie!" Weiterhin erfuhren wir, dass sie in den letzten Jahren bei der evangelischen Kirche Halt gesucht hatte. Mutti war nie gläubig gewesen und wollte jetzt sogar in ihrer Heimat kirchlich beigesetzt werden. Auch Eddie und ich waren bislang noch ungetauft. Im Laufe unseres Lebens hatten wir aber erkannt, dass es etwas geben musste, was der menschliche Verstand allein nicht fassen kann, und in Folge dessen beschäftigten wir uns mit Glaubensfragen.
Es wurde ein langer Abend und weit nach Mitternacht gingen

Eddie und ich zu Bett. Er nahm mich in seine Arme und flüsterte: „Steffi, weißt du, was Mutti mit dem Elend im Heim meint? Sie erwähnt es doch ständig. Warum habe ich sie nicht öfter besucht und zu mir nach Hause geholt? Ich mache mir Vorwürfe, denn dass dort so einiges im Argen ist, haben wir ja in den letzten Wochen auch bemerkt." Weiterhin fragte er: „Kannst du dich noch erinnern als Mutti erwähnte, dass sie nicht ausreichend zu trinken bekäme und solchen Durst litt?" Nachdenklich wandte ich mich ihm zu: „Natürlich Eddie! Und eine medizinische Notwendigkeit gab es dafür nicht ..." Dabei gingen mir Erlebnisse aus meiner beruflichen Rehabilitation durch den Kopf. Zwei Pflegeheime hatte ich damals besucht, um Fotos für eine Werbebroschüre zu erstellen. Meine Aufgabe bestand in Assistenzleistungen für den Fotografen. Aus dem ersten Heim stürzte ich fassungslos und weinend hinaus und noch Wochen danach plagten mich schwere Albträume. Die Zustände dort waren einfach grauenhaft. Einige Zeit später lernte ich ein Zweites kennen. Trotz gleicher Voraussetzungen, wie Pflege- oder Personalschlüssel, ging es dort anders zu.
Ich versuchte, Eddie ein wenig zu beruhigen, denn seine geschiedene Ehefrau Martha und er hatten Mutti nicht leichtfertig in ein Heim gesteckt. Beide waren zu diesem Zeitpunkt berufstätig gewesen und erst, als es keinen anderen Ausweg mehr gab, erfolgte ihre Heimunterbringung. Muttis Leben war leider von einer schweren Krankheit überschattet worden. Durch diese hatten Monika und Eddie einen Teil ihrer Kindheit in Heimen verbringen müssen.
Der nächste Morgen begann mit Stress. Zwei Damen vom Pflegedienst klingelten, Kinder und Hunde mussten versorgt und Mutti gefüttert werden. Die nur 66 Quadratmeter große

Wohnfläche mit ihren drei Zimmern machte uns zu schaffen. Zudem hatten Eddie und ich die Nacht auf einer sehr unbequemen, engen Liege verbracht. Wir würden wohl alle einige Zeit benötigen, um uns an die neue Situation zu gewöhnen.
Das Telefon klingelte. Eine Rechtspflegerin des Amtsgerichtes teilte Eddie für den nächsten Tag einen Termin zur Belehrung bezüglich der Betreuung mit. Ich hatte um dieselbe Zeit einen Arzttermin. Frau Fass musste also kommen.
Weiterhin sollte Muttis Umzug organisiert und die damit verbundenen Formalitäten und Behördengänge wollten erledigt werden. Eddie und ich wussten gar nicht, was wir zuerst machen sollten. In welche Lage hatten wir uns bloß gebracht?
Ebenfalls mussten mein Partner und ich als Blinde uns besser mit der Pflege einspielen und das Füttern üben. Mutti hatte Eddie beim Frühstück gefragt: „Was grabbelst du mir eigentlich immer im Gesicht herum?" Dieser antwortete lachend: „Ich sehe dich doch nicht und muss deinen Mund ertasten."
Weiterhin hatte das Füttern einiges an schmutziger Wäsche gebracht, da Eddie nicht nur Muttis Gesicht sondern auch Bettzeug und Nachthemd gründlich beschmiert hatte.
Wir packten die Dinge an, erledigten die notwendigen Behördengänge, sprachen mit Frau Fass und telefonierten mit meinem ehemaligen Schulkameraden Jens, damit er uns beim Umzug half.
Eddie und ich zogen eine erste kurze Bilanz. Wir empfanden vor allem der Betreuungsbehörde, dem Amtsgericht, Frau Oberärztin Dr. Mops sowie Frau Kantenfilter gegenüber tiefe Dankbarkeit. Alle hatten wunderbar zusammengearbeitet sowie schnell und kompetent gehandelt und sich somit als große Hilfe für Mutti und uns erwiesen.
Mit der Pflege lief es von Tag zu Tag etwas besser. Wir spielten

uns langsam ein. Was andere Menschen sahen, mussten Eddie und ich mühsam ertasten. Handschuhe kamen für uns ebenfalls nicht in Frage. Das hätte den Tastsinn zu sehr beeinträchtigt. Schließlich gab es ja Desinfektionsmittel. Allerdings hätte der Tag einige Stunden mehr haben können, denn Blinde benötigen für viele Dinge einfach länger als Sehende. Zeit für uns selbst blieb keine und der Schlaf kam viel zu kurz. Eddie und ich funktionierten einfach nur noch.

20 DER UMZUG

Die erste Zeit mit unserem Pflegefall verging sehr schnell. Der Tag des Umzuges war herangerückt. Wir wurden am Morgen durch strömenden Regen, der auf das Fensterbrett niederprasselte, geweckt. „Und das ausgerechnet heute, wo in den letzten Wochen nur strahlender Sonnenschein herrschte", stellte ich enttäuscht fest. Völlig durchnässt und fast einmal pünktlich erschien Frau Fass und wir brachen auf. Im Heim, das Eddie und ich „Haus Sonnenfinsternis" nannten, begrüßte uns zunächst Muttis Freundin und langjährige Zimmergenossin. Sie litt unter dem Auszug unserer Mutter und hatte gerade am Morgen erfahren, dass sie in ein anderes Zimmer verlegt werden würde. Frau Rehmann erinnerte uns an das erteilte Versprechen, sie an ihrem Geburtstag besuchen zu kommen. Und wieder liefen ihr die Tränen über das Gesicht.
Nun ging es aber los, wir räumten die Schränke aus, verpackten Glas, Geschirr sowie Kleidung in mitgebrachte Körbe und Kisten und bauten die Möbel auseinander. Das Personal auf der Station nahm von uns keinerlei Notiz und ließ Jens, Eddie und mich gewähren. Anschließend schleppten wir alles in den Fahrstuhl und dann durch den strömenden Regen zum Auto. Vor ein paar Tagen hatten Monika und ich die Schränke gründlich durchgeschaut und uns einen Überblick verschafft. Jetzt mussten Eddie und ich feststellen, dass einiges fehlte – Gläser, Vasen, eine Schale aus Kristall. Was war das bloß für ein Heim?
Bei uns Dreien machte sich langsam Hunger bemerkbar. Wir suchten uns ein gemütliches Restaurant, aßen zu Mittag und traten die Heimfahrt an. Unterwegs hing zunächst jeder seinen Gedanken nach. Plötzlich fiel mir ein Gespräch mit einer

Bekannten, Ricarda, ein. Ricarda war in einer Großstadt einige Zeit im Pflegedienst „Würdelos" bei Demenzkranken im Anfangsstadium tätig gewesen. Die Betroffenen lebten in sogenannten Wohngemeinschaften und verfügten über ein eigenes Zimmer sowie einen Gemeinschaftsraum, eine Küche und ein Bad. Wie es schien, gute Voraussetzungen für die Betroffenen. Aber was die Mitarbeiter daraus machten, war unbegreiflich. Ich erinnerte Eddie an unsere Gespräche mit Ricarda. Ihr war gekündigt worden, da sie zu viel Herz für die Menschen hatte. Ganz normale Dinge wie bei Licht einschlafen, Sportsendungen im TV anzusehen, der Besuch eines Cafés oder mit einem Seelsorger zu sprechen, wurden ihnen durch das Personal verwehrt. Das würden diese Menschen nicht mehr benötigen, so hieß es. Sie ruhigzustellen, erschien den Mitarbeitern des Pflegedienstes hingegen wohl als die geeignetere Methode. Ebenso schien es „selbstverständlich", einen Rollstuhlfahrer in einer Wohnung ohne Fahrstuhl unterzubringen, so dass dieser nicht mehr an die frische Luft gelangen konnte. Ricarda wurde im Laufe der Zeit bei unseren Telefongesprächen immer stiller, wirkte in sich gekehrt und schließlich zog sie sich völlig zurück. Letztendlich setzten eine Kollegin und sie sich einfach über alles hinweg und machten mit den Bewohnern einen Spieleabend, simulierten einen Restaurantbesuch und ließen den Herren im TV den Sportreportagen zusehen. Das blieb nicht unbemerkt und schließlich kam es zur Kündigung. Es benötigte viel Zeit, bis Ricarda sich wieder einigermaßen von dem Erlebten erholt hatte und darüber sprechen konnte. Heute säubert sie Hotelzimmer und ist zufrieden. Im Pflegebereich möchte Ricarda unter solchen Bedingungen nicht mehr tätig sein.
Körperlich schwere Arbeit und schlechte Bezahlung sind kein

Einzelfall in Deutschland. Eddie und ich denken zum Beispiel an die Gastronomie. Allerdings können die dort oft unter schlechten Bedingungen Beschäftigten ihren Frust nicht an den Gästen auslassen, denn dann würden die Häuser und Restaurants leer stehen. Immer wieder fragen wir uns, warum die Mitarbeiter in der Altenpflege nicht untereinander und mit den alten Menschen Solidarität übten?

Zu Hause angekommen, galt es, die Kisten, Kartons und Möbelteile erneut durch den Regen zu tragen. Dann befand sich zumindest schon einmal alles in Muttis neuem Zuhause. Jens und Frau Fass verabschiedeten sich eilig, nachdem wir sie für ihre Hilfe entlohnt hatten, und Eddie, die Kinder und ich blieben im Chaos zurück.

Überall standen Möbelteile und Stücke, Kisten, Kartons und Körbe und mittendrin ein Pflegebett. Um zu Mutti vorzudringen, mussten wir unser gesamtes sportliches Können sowie unseren guten Tastsinn einsetzen. Zunächst rieben Eddie und ich die Möbel trocken und kümmerten uns um unsere Familie. Danach begannen wir unter gegenseitigem Zurufen, jeder teilte dem anderen mit, wo er was abgestellt hatte, das Chaos zu beseitigen und die Schränke aufzubauen.

Der Pflegedienst erschien zum abendlichen „Pampern". Auch ihm wurde eine Kletterpartie abverlangt. Gegen 22.00 Uhr hatten wir endlich umgeräumt und die Möbel aufgebaut. Danach begannen Eddie und ich, die Gläser und das Geschirr abzuwaschen, zu polieren und Muttis Sachen auszupacken, zu sortieren und in die Schränke zu räumen. Kurz nach Mitternacht war alles fertig. Kaputt, aber stolz auf unsere vollbrachte Tat, ließen wir uns auf Muttis Bettkante nieder. Diese meinte daraufhin anerkennend: „Ihr habt heute aber viel geschafft." Müde und von Rückenschmerzen geplagt, schlichen wir zu unserer engen, unbequemen Liege, auf der man aus Platzgründen besser übereinander lag, um in einen komaähnlichen Schlaf zu fallen.

21 DIE SORGEN REISSEN NICHT AB

Am Morgen staunten die Schwestern, wie schön und schnell wir alles eingerichtet hatten. Mutti war obenauf, ihr ging es recht gut.
Uns allerdings gaben seit ihrer Entlassung aus dem Krankenhaus ihre ständigen Durchfälle Anlass zur Sorge, auch wenn sie sich trotz allem gut fühlte. Einen neuen Hausarzt gab es immer noch nicht. Die Ärztin in Z. hatte Muttis Unterlagen einfach zu einem anderen Hausarzt gesandt. Und das, obwohl sie wusste, dass dieser sich im Urlaub befand. So konnten Eddie und ich nichts ausrichten.
Die Schwestern rieten zu strenger Diät. Darauf waren wir auch schon von allein gekommen. Irgendwie wirkten unsere Diäten aber nicht. Wir schoben es auf eines der Medikamente, konnten aber ohne Hausarzt nichts ausrichten.
Unser Windelverbrauch stieg in ungeahnte Höhen – die damit verbundenen Müllberge ebenfalls. Jens und ich zogen los und schleppten eine ziemlich große Tonne für den Müll an. Eddie erzählte fortan jedem, der es hören wollte oder nicht, dass wir eine richtige müllproduzierende Familie wären.
Schließlich eröffnete eine der Schwestern Eddie und mir, dass uns nur ein bestimmtes Kontingent an Windeln zustand und unser Verbrauch viel zu hoch sei. Leider richtete sich Muttis Darm nicht nach diesem Budget, und so rannten wir in das nächstgelegene Sanitätshaus. Dort wurden Eddie und ich eingehend über die verschiedenen Windelarten, Zwischenlagen, Netzhöschen und sonstige Pflegeutensilien beraten. Da wir nun völlig ratlos waren, sagten mein Lebensgefährte und ich zu allem „Ja", gaben sehr viel Geld aus, rafften unsere Beute zusammen und eilten nach Hause. Wieder musste ich räumen,

da gar nicht so viel Platz für diese ganzen Utensilien zur Verfügung stand. Auch fragten wir uns, was man bei Durchfällen denn ansonsten machen sollte, wenn schon die Pampers budgetiert waren.

Mutti lebte sichtlich auf. Sie interessierte sich wieder für ihre Umwelt, die aktuellen Geschehnisse und für Politik. Ein Radio musste in ihr Zimmer. Auch stellten wir fest, dass sie heimlich hinter unserem Rücken aufgestanden war. Blaue Flecke werden nämlich hart und waren somit fühlbar für uns. Wir redeten ihr eindringlich ins Gewissen. Aber so war auch die Benutzung eines Toilettenstuhls möglich. Diesen lieh uns erneut der Pflegedienst. Der Windelverbrauch reduzierte sich allerdings immer noch nicht. Mutti benötigte ebenfalls dringend etliche Blindenhilfsmittel und wir gaben eine Großbestellung ganz nach ihren Bedürfnissen auf, denn dazu erhielt sie ihr Blindengeld.

Einen Wermutstropfen gab es allerdings. Eine Pflegestufe hatte Mutti immer noch nicht und die Kosten des Pflegedienstes machten uns Sorgen. Ich telefonierte mit der leitenden Schwester, welche uns bereits eine Stunde später aufsuchte. Da wir nicht wussten, welche Pflegestufe Mutti zu welchem Zeitpunkt erhalten würde, mussten Eddie und ich die „Pflege" ab sofort drastisch reduzieren. Lediglich die große Morgentoilette von Montag bis Freitag, das „Pampern" an diesen Tagen sowie die Medikamentengabe, welche die Krankenkasse bezahlte, konnte noch vom Personal des Pflegedienstes ausgeführt werden. So viel Unterstützung erhielten wir sowieso nicht, denn gerade einmal am Tag, morgens, wurde gebettet und gewaschen. Das Ganze musste ziemlich schnell vonstatten gehen, da ja noch einiges an Zeit für die Schreibarbeiten draufging. Die zweimal „Windeln wechseln" sowie Kissen aufschütteln täglich durch die Schwestern brachten keine wesentliche Entlastung für uns. Dafür kosteten diese Leistungen aber viel Geld. Bei Pflegestufe 2, von welcher Eddie und ich ausgingen, wäre zusätzlich noch ein Eigenanteil von mehreren Hundert Euro angefallen. Dieser hätte mehr betragen, als Mutti überhaupt an Rente erhielt. Nun kannten mein Lebensgefährte und ich also die sogenannte Pflege in Deutschland und ihre horrenden Kosten. Nur, was kam davon bei den Betroffenen an? Vor allem wunderten wir uns, dass Fahrkosten oder die Wegepauschale, wie man es nannte, doppelt berechnet wurden. Zum Einen entstand ein monatlicher Betrag für die Anreise zur Pflege zum Anderen eine Wegepauschale für die Medikamentengabe. Dazu reiste aber der Pflegedienst nicht noch einmal extra an.

22 WIEDER IN DER KLINIK

Fast zwei Wochen lebte Mutti nun bereits bei uns. Unser neuer Tagesablauf hatte sich eingespielt. Es gab viel Arbeit und der Schlaf kam einfach zu kurz. Aber wir hatten immer noch uns! Die Blindenhilfsmittel waren inzwischen angekommen und Mutti hatte viel Freude an ihnen. Besonders toll fand sie, dass sie nun im Besitz einer sprechenden Armbanduhr war, durch welche sie wieder ein Zeitgefühl bekam. Fortan hörten wir ständig die Zeitansagen. Mein Mann und ich hingegen waren schon seit Jahren im Besitz taktiler Uhren.
An einem Sonntagmorgen gewannen wir den Eindruck, dass Muttis Husten stärker wurde. Sie hingegen meinte: „Mir geht es gut. Steffi und Edwin, ihr irrt euch. Ich huste nur ganz leicht und das schon seit der Lungenentzündung." Am Abend desselben Tages hörten wir wieder dieses Rasseln, was mein Mann und ich ja schon kannten. Eddie rief sofort den diensthabenden Arzt an, der, als er die Diagnose hörte, den Rettungsdienst informierte. Ich packte in aller Eile eine Tasche für das Krankenhaus. Mutti protestierte lautstark. Innerhalb von zehn Minuten war der Rettungswagen mit Notarzt zur Stelle. Unsere Mutter empfing den Arzt mit den Worten: „Ich will aber nicht ins Krankenhaus." Die Sauerstoffsättigung im Blut wurde gemessen und der Notarzt redete sanft auf sie ein, dass es besser sei, für zwei bis drei Tage in die Klinik nach T. zu gehen. Sie ließ sich überzeugen und wir versprachen, gleich am nächsten Morgen nach ihr zu sehen. Eineinhalb Stunden später rief Eddie im Krankenhaus an. Er erhielt auch sofort Auskunft, da er dem Arzt seinen Betreuerausweis gezeigt hatte. Muttis Zustand stabilisierte sich durch den Sauerstoff.

Trotzdem verbrachten wir eine unruhige Nacht. Kaum nachdem die Kinder am nächsten Morgen zur Schule aufgebrochen waren, läutete das Telefon. Wir zuckten zusammen und mochten den Hörer gar nicht abnehmen.
Eddie fing sich als Erster und ging an den Apparat. Ich hörte nur ein erleichtertes: „Ach, du bist es!" Schnell bekam ich mit, dass unsere Führhundschule an der Strippe war. In den letzten Tagen hatten wir oft über Eddies neuen Hund – einen schwarzen Labrador – gesprochen. Der Entschluss stand fest. Wir hatten mit unserem Pflegefall, den Kindern und zwei Hunden genug um die Ohren. Eine Einschulung konnte zu diesem Zeitpunkt nicht erfolgen und mit einem dritten Hund wären wir in dieser Situation auch überfordert gewesen. Hinzu kamen die beengten Wohnverhältnisse. Somit entschied Eddie sich, im Moment keinen neuen Hund anzunehmen. Die Entscheidung war ihm sehr schwer gefallen, da er auf „Adam" gut zwei Jahre lang gewartet hatte. Auch bedeutet ein Führhund ein hohes Maß an Mobilität, und wer kann schon voraussagen, ob die Krankenkasse Eddie noch einmal einen Vierbeiner genehmigen wird? Doch eins tröstete uns – ein anderer Blinder konnte sich nun freuen, schnell und ohne lange Wartezeit einen so tollen Hund wie „Adam" zu bekommen. Führhundetrainer Raimon reagierte erneut mit viel Verständnis. Eddie brachte ein großes Opfer.
Diesmal lag Mutti auf Station 26, die leicht zu finden war. Wir stellten uns dem Personal vor und klopften aufgeregt an Muttis Tür, nachdem eine Schwester uns das Zimmer gezeigt hatte. Nur zu gut hatten wir den ersten Krankenhausaufenthalt in Erinnerung. Was erwartete uns diesmal? Ein fröhliches „Herein" ertönte und wir stürmten samt unseren „Löwen" in das Zimmer. Mutti hatte schon auf uns gewartet, bekam

immer noch Sauerstoff und wollte nur nach Hause. Wir versprachen ihr, sofort einen Termin mit dem Stationsarzt zu vereinbaren. Da sie auch auf den Topf musste, realisierten Eddie und ich das gleich. Die Schwester schleppte einen Toilettenstuhl heran und wir stellten unsere Frage. „Einen Stationsarzt gibt es auf dieser Station nicht", antwortete die Schwester. „Diese Aufgabe erledigt immer der Arzt, der gerade Zeit hat." Wir waren entsetzt. So etwas hatten Eddie und ich noch nicht erlebt. Die Schwester fuhr fort: „Am besten wird es sein, Sie kommen gegen 14.00 Uhr noch einmal wieder." Mutti wurde auf den Topf gesetzt. Wieder dieser Durchfall, was nicht zu überhören war. Eddie klingelte nach einer Schwester, die nach einigen Minuten auch erschien und sich uns als Schwester Rambo vorstellte. Ihr Umgang mit unserer Mutter war alles andere als sanft und ich griff ein, indem ich Mutti stützte. Sie säuberte Mutti, lehrte den Pott und verschwand. Ich hatte Eddies Mutter inzwischen geholfen, wieder ins Bett zu kommen. Diese hatte Durst und sie konnte nicht an das Trinken gelangen. Das war uns schon auf Station 24 aufgefallen. Allerdings gab es ansonsten auf dieser Station keine weiteren Mängel. Die gesamte Betreuung und Pflege war dort ausgezeichnet. Ebenfalls fiel auf, dass die Klingel in der meisten Zeit für unsere Patientin unerreichbar war. Ich tastete nach einer Schnabeltasse, fand aber nur zwei klebrige, schmutzige Gläser vor. Schwester Rambo erschien erneut im Zimmer, bahnte sich einen Weg, über die Hunde hinweg steigend, und ich bat sie um eine Schnabeltasse. Die Antwort, die nun folgte verblüffte uns sehr: „Schnabeltassen haben wir nicht, die müssen wir uns erst von einer anderen Station borgen." Schmunzelnd erwiderte ich: „Tun Sie dies, bitte!" Da Mutti eine nicht mehr ansprechbare Bettnachbarin hatte, fragten wir, welcher der beiden Schränke nun ihr gehöre. Die Schwester raunzte: „Na der mit dem roten Punkt." Worauf ich leicht gereizt von mir gab: „Und welcher ist der mit dem roten Punkt, der linke oder der rechte?" Nachdem auch das geklärt war, wurden wir gefragt: „Kann sie denn die Klingel überhaupt noch sehen?" Nebenbei sei erwähnt, dass Mutti alles andere als geistig abwesend war, und dies teilten wir natürlich der Schwester auch lautstark mit. Als Eddie die Klingelfrage verneinte, hieß es: „Dann braucht sie ja auch keine!" Jetzt reichte es uns endgültig. Dass man diese vielleicht ertasten könne, war Schwester Rambo wohl nicht in den Sinn gekommen.

Der Angehörige von Muttis Bettnachbarin erschien zu Besuch. Wir erfuhren von ihm, dass seine im Sterben liegende Tante seit einiger Zeit zwischen Pflegeheim und Klinik hin- und her befördert wurde und die Abstände sich immer mehr verkürzten. Am nächsten Morgen sollte sie wieder ins Heim zurückgebracht werden. Kam sie dort überhaupt noch lebend an? Konnte ein Mensch nicht einmal in Ruhe sterben? Wir waren entsetzt! Wo blieben hier Menschenwürde und Ethik? Und das alles wahrscheinlich nur wegen irgendwelcher Kosten. Aber auch Eddie und ich hatten die Erfahrung bereits auf der anderen Station machen müssen, dass die Krankenkassen nur einen bestimmten Zeitraum zahlten und der Schwerkranke danach entfernt werden muss. Wo waren wir bloß hingeraten? Draußen stellte Eddie lautstark fest: „Das scheint die Durchgangsstation zu sein oder das Vorzimmer des Friedhofes!" Nach diesen Erlebnissen beschlossen wir, Muttis Pflege auch im Krankenhaus weitestgehend selbst zu übernehmen und streng darauf zu achten, dass ihr ihre Würde bis zum letzten Atemzug erhalten blieb.

Also ließen wir uns nach Hause befördern, um gleich darauf

wieder in die Klinik zu fahren. Und siehe da, eine Ärztin, die gerade Zeit hatte, sich auch um die Belange dieser Station zu kümmern, und auch noch bereit war, mit uns zu reden, wurde gefunden. Sie stellte sich uns als Frau Dr. Schmalhans vor. Zunächst tat sie kund, dass uns Muttis Diagnose ja bekannt sei und man ihr nun Sauerstoff gäbe. Des Weiteren erfuhren wir, dass ebenfalls ein Sauerstoffgerät für Zuhause bestellt worden sei und in zwei bis drei Tagen geliefert werden würde. Wir bekämen eine Einweisung und dann stehe Muttis Entlassung nichts mehr im Wege. Endlich wurden mein Partner und ich nun auch unsere Frage nach den ständigen Durchfällen los. Die Ärztin tat sehr verwundert und sprach: „Davon ist mir nichts bekannt." Ich teilte ihr mit, dass sie diese auch am heutigen Tage gehabt hätte und wir sogar daneben standen. Frau Dr. Schmalhans erwiderte lakonisch: „Davon steht nichts im Buch und wenn das so gewesen wäre, hätte es die Schwester eingetragen." Nun reagierten wir sehr ungehalten und ich warf ihr an den Kopf: „Könnten das nicht die Tabletten sein, denn Diäten helfen hier nicht?" Die Ärztin stritt mit uns, bis auch Eddie laut wurde und meinte, dass uns die Nebenwirkungen der Tabletten bestens bekannt seien. Mit Frau Dr. Schmalhans war kein Reden und wir stiefelten ziemlich gereizt zu Mutti, welche sich freute und wieder auf den Topf musste. Eddie lief, um eine Schwester zu rufen. Diese sagte: „Ich muss erst Hilfe holen, allein darf ich das nicht." Nach einiger Zeit erschien sie mit einem ziemlich unfreundlichen Pfleger im Schlepptau. Wir wurden sehr unsanft vor die Tür befördert und Eddie dröhnte: „Was will man denn nun wieder vor uns verbergen?" Nach zehn Minuten hörten wir, wie sich die Tür öffnete. Unsere Frage, ob Mutti wieder Durchfall hätte, wurde bejaht. Jetzt drohte ich böse: „Dann tragen

Sie das auch ein und vergessen Sie es nicht, ansonsten wenden wir uns an die Klinikleitung!" Eddie und ich trabten zu Mutti und der Pfleger erschien erneut. Diesmal war er sehr freundlich, sprach mit uns über die Hunde und erbot sich sogar, da es ein sehr heißer, sonniger Tag war, die Außenjalousien herunter zu lassen, von deren Existenz wir bislang gar keine Kenntnis hatten.

Der Pfleger entschwebte und ich versorgte Mutti mit Essen und Trinken. Eine Schnabeltasse war immer noch nicht vorhanden und wir beschlossen, unsere eigene mitzubringen. Zunächst wusch ich die inzwischen noch mehr verschmutzten Gläser aus und Eddie holte eine Flasche Wasser von der Schwester. Gegen Abend verabschiedeten mein Partner und ich uns von Mutti mit dem Versprechen, gleich am nächsten Morgen wieder bei ihr zu sein.

Nachdem die Kinder schliefen, kamen wir endlich einmal dazu, den sich aus der Betreuung ergebenden Verpflichtungen nachzukommen. Muttis Bargeld-, Konto- und Sparbuchbestand musste aufgeführt werden, Quittungen und Belege eingescannt, aufgelistet, abgeheftet und die Post wollte ebenfalls gehört und beschriftet werden. Hier sei erklärt, dass Eddie und ich uns die eingescannten Dokumente anhören und Beschlüsse, Bescheide, Schreiben oder andere wichtige Post anschließend in Punktschrift beschriften müssen, um diese auseinanderhalten zu können.

Am nächsten Morgen fanden Eddie und ich eine gut gelaunte Mutti vor, die nur noch einen Wunsch hegte – das Krankenhaus endlich verlassen zu dürfen.

Wir erklärten ihr erneut, dass am nächsten oder übernächsten Tag das Sauerstoffgerät eintreffen würde und dann ihrer Entlassung nichts mehr im Wege stünde. Plötzlich öffnete sich die

Tür und wir hörten eine Frauenstimme, die ausrief: „Huch, die Hunde…!" Die Dame stellte sich uns als Frau Krähhahn vom Klinikservice vor. Ehe Eddie und ich es uns versahen, hatte sie sich am Fußende des Bettes aufgebaut und posaunte lautstark: „Was soll denn nun mit ihr werden? Soll sie ins Hospiz, die Kurzzeitpflege oder ins Heim?" Wir erstarrten, denn Mutti war zwar blind, aber alles andere als taub. So wiegelte ich jegliches Gespräch mit der Bemerkung, „Pssst, nichts dergleichen, unsere Mutter kommt natürlich zu uns nach Hause", ab. Mutti tat, als hätte sie nichts gehört, und Frau Krähhahn bahnte sich, über die Hunde hinweg steigend, den Weg aus dem Zimmer hinaus.

Nur zu gut waren Eddie und mir solche unverschämten, taktlosen Äußerungen bekannt. Unlängst hatte mich meine Freundin Bärbel mit dem Auto zu einem Arzt gefahren und im Wartezimmer Platz genommen. Ich hingegen wurde von zwei Schwestern in das Sprechzimmer geschoben, auf einen Stuhl befördert und Zeugin ihrer lautstarken Unterhaltung: „Sag mal, was machen wir denn jetzt mit ihr? Sie muss unbedingt den Oberkörper freimachen. Soll ich Bärbel dazu mit hereinbitten?" Darauf die andere völlig ratlos: „Hm, ich weiß auch nicht. Keine Ahnung, wie das hier mit ihr werden soll." Ich hockte unterdessen wutentbrannt auf meinem Stuhl und hörte mir das Ganze an. Hätte ich mich dazu geäußert, wäre meine Reaktion mit Sicherheit ziemlich giftig ausgefallen. Solche Situationen hatten mein Gefährte und ich seit unserer Erblindung oft erlebt. Manche Menschen reagieren auf uns Blinde, als wenn wir mit dem Augenlicht auch unseren Verstand verloren hätten. Gerade im Gesundheitswesen sollte der Blinde es allerdings anders erfahren und auf gut geschultes Personal stoßen.

Schon öffnete sich wieder die Tür des Krankenzimmers, aber diesmal ging es nur um die Essenbestellung für den nächsten Tag, und so lernten wir auch einmal nettes Personal auf dieser Station kennen.

Am Nachmittag sah die Sache dann schon wieder ganz anders aus. Schwester Rambo hatte Dienst und erschien zur Abendbrotzeit samt Tablett, welches sie unsanft auf den Nachtschrank knallte und dabei, zu uns gewandt, rief: „Nicht dass Sie denken, wir füttern Ihre Mutter nicht, aber erst muss noch Essen ausgeteilt werden." So drohte sie uns ihre baldige Rückkehr an. Um Mutti dies zu ersparen, lüfteten wir den Deckel und fütterten sie selbst. Sie vertrug aber keine Teewurst, mit welcher die Brothäppchen bestrichen waren, und nach drei Bissen wollte sie nicht mehr. Dazu wurde saurer Früchtetee gereicht, allerdings diesmal in einer Schnabeltasse. Da erschien Schwester Rambo erneut auf der Bildfläche. Sie baute sich vor uns auf und anfangs erfassten wir gar nicht, was da passierte. Wir hörten nur ihr Lamento: „Sie müssen essen, meine Liebe. Meine Liebe, nach drei Häppchen wollen Sie immer nichts mehr. So geht das aber nicht, meine Liebe." Endlich begriffen wir die Situation, als Mutti verzweifelt jammerte: „Nicht so schnell, mir wird übel, ich muss mich gleich übergeben!" Schwester Rambo stand vor Mutti und rammte ihr in aller Eile die Gabel mit den Teewursthappen in den Mund. Als wir daraufhin zaghaft einwarfen, dass Mutti aber Magenprobleme hätte und sie keine Teewurst vertragen würde, raunzte sie uns an: „Dann muss sie etwas anderes bestellen, das, was ihr schmeckt und ihr bekommt." Auf unsere Frage hin, was das denn sein dürfte, hieß es: „Das weiß ich auch nicht, nehmen Sie irgendetwas!" Dies hatten Eddie und ich bereits am Vortag probiert, und was daraus geworden war, sahen wir jetzt. Da rauschte Schwester Rambo auch schon wieder eilig aus dem Zimmer. Kaum hatte sie dieses verlassen, übergab Mutti sich auch schon in hohem Bogen. Wütend rannten wir, um eine Schwester zu holen, und hofften nur noch, dass unsere Mutter nie wieder auf dieser Durchgangsstation aufgenommen werden muss.

Nach all dem, was Eddie und ich bis zu diesem Tage erlebt hatten, begaben wir uns am nächsten Vormittag ziemlich kaputt und deprimiert in die Klinik. Vom Tresen der Schwestern ertönte ein fröhliches „Guten Morgen" und „Sie werden schon erwartet." Wir rannten schnurstracks in Muttis Zimmer. Der Herr mit dem Sauerstoffgerät war gekommen, um uns dieses Teil zu erläutern. Umfangreich wurden mein Partner und ich eingewiesen. Dass dieses Gerät natürlich alles andere als blindengerecht war, muss sicher nicht weiter erwähnt werden. Benötigen blinde Menschen keinen Sauerstoff, wenn sie auf sich allein gestellt sind? Aber irgendwie würden wir das schon geregelt bekommen.

Zunächst freuten Eddie und ich uns, denn nun stand Muttis Entlassung nichts mehr im Weg.

Kaum war der Herr aus dem Zimmer entwichen, moserte unsere Mutter, dass ihr Wasser sehr sauer schmecke. Die Schnabeltasse war schnell ertastet und uns schlug der Geruch von dem sauren Früchtetee des Vorabends entgegen. Wir versuchten, die Tasse auszuwaschen, aber der Geruch und somit auch der Geschmack blieben. Eine Schwester erschien wegen der Essenbestellung und wir baten um eine neue Schnabeltasse. Sie roch an der alten und konnte natürlich nichts finden. Daraufhin entfuhr es mir ziemlich barsch: „Holen Sie sofort eine neue Tasse!" Die Schwester schoss wie ein geölter Blitz aus dem Zimmer und erschien binnen kurzer Zeit mit einer

„wohlriechenden" Tasse, sogar mit Schnabel. Wir plauderten noch bis zum Mittagessen mit Mutti und waren gespannt, mit welchem Gericht sie denn zu dieser Mahlzeit beglückt werden würde.

Eddie und ich waren zweifelsfrei auf der Durchgangsstation angekommen, denn sie bekam wieder nicht das Gewünschte. Jetzt brauchten wir aber erst einmal ein wenig Ruhe und beschlossen, an diesem Nachmittag nicht noch einmal ins Krankenhaus zu fahren. Mutti sollte am nächsten Vormittag entlassen werden, war glücklich über diesen Umstand und stimmte zu.

23 ENDLICH WIEDER ZU HAUSE

Pünktlich um 9.00 Uhr stand Jens vor der Tür. „Shopping" der lebensnotwendigen Dinge war angesagt. Eddie und ich hatten am Tag zuvor beschlossen, ein Babyphon anzuschaffen, damit wir Muttis Rufen beim Wirtschaften hören konnten oder falls irgendetwas in der Nacht auftreten sollte.
Eddie tobte sich gerade in der Wohnung mit Staubsauger, Staubtuch und ähnlichen Utensilien aus. Die Lebensmittel waren schnell beschafft. Ein Babyphon zu finden, erschien jedoch in unserer Kleinstadt nicht so einfach zu sein. Schließlich kam mir die Idee, einen Baumarkt anzusteuern, und siehe da – das letzte Gerät dieser Art war meins.
Stolz kamen Jens und ich damit zu Hause an. Muttis Entlassung hatte sich verzögert. Sie war erst kurz zuvor heimgekommen. Nun lag sie glücklich und hungrig in ihrem Bett. Daneben stand das Sauerstoffgerät. Eddie räumte die Lebensmittel weg, Jens nahm sich des Babyphons an und ich schwang den Kochlöffel.
Oh Schreck, das Babyphon funktionierte nicht. Vielleicht stellten wir uns auch nur zu ungeschickt an.
Die Kinder kamen aus der Schule und alle aßen mit gutem Appetit, auch Mutti. Diese äußerte gleich ihre künftigen Essenswünsche, so dass ich beschloss, bereits am darauffolgenden Tag den nächsten Einkauf zu starten. Zum Abendbrot wurden Bratkartoffeln und Ei gewünscht. Das sollte sie haben. Wir ahnten zu diesem Zeitpunkt noch nicht, dass dieses Gericht ab sofort mindestens jeden zweiten Tag auf den Tisch kommen sollte.
Ich räumte Muttis Tasche aus, nahm den Entlassungsbericht

des Krankenhauses und stolzierte mit meiner „Betty" zum neuen Hausarzt, Dr. Freundlich. Es dauerte nicht lange, bis ich zu ihm vordrang. Muttis Medikation hatte sich verändert. Frau Dr. Schmalhans war plötzlich doch von den Durchfällen überzeugt und hatte eine Sorte Tabletten abgesetzt. Dafür bekam Mutti jetzt einen Hustenlöser in Tablettenform. Der Doktor stellte mir ein Rezept aus, verordnete noch andere Medikamente und ich war schnell wieder zu Hause.
Ich öffnete die Tür und hörte ein unaufhörliches Gequassel. Das konnte nur Frau Aufdringlich, die Fußpflegerin, sein. Sie sah mich und schon setzte der nächste Redeschwall ein: „Guten Tag, wir kennen uns beide. Erinnern Sie sich noch an mich?" Ich stutzte, die Stimme kam mir bekannt vor. Zuordnen konnte ich sie aber nicht. Da quasselte sie auch schon weiter: „Ich habe mal ein Praktikum in der Physiotherapiepraxis von Herrn Wichtel gemacht. Da waren Sie doch auch immer. Das war während meiner Umschulung zur Fußpflegerin." Ich wusste zwar nicht, was Fußpflege mit Physiotherapie zu tun hatte, erinnerte mich aber sofort. Auch dort war gegen Frau Aufdringlichs Redefluss kein Kraut gewachsen gewesen. Ansonsten war sie aber eine nette und vor allem hilfsbereite Person.
Danach betrat ich die Küche und fand einen total geschafften Eddie vor. Frau Aufdringlich hatte ihn erfolgreich in Grund und Boden gequatscht. Ich berichtete ihm von der neuen Verordnung des Doktors und wollte sofort in die Apotheke marschieren. Eddie meinte, dass „Bob" auch Gassi gehen müsse. Daraufhin ertönte es aus Muttis Zimmer: „Gehen Sie nur beide, ich habe noch eine Weile zu tun und bin ja bei Ihrer Mutter." Wir zogen los und waren nach zirka fünfzehn bis zwanzig Minuten samt einer riesigen Tüte wieder zu Hause.

Frau Aufdringlich plapperte noch immer ganz munter. Zunächst wunderten wir uns, was sie nun tat. Endlich begriffen Eddie und ich, dass sie sich an Mutti zu schaffen machte, und zwar nicht an ihren Füßen. Dann hörten wir sie auch schon: „Ich mache gerade einen Ausflug in meinen alten Beruf als Altenpflegerin." Sie hatte Mutti die Windel entfernt, Wasser und Lappen oder Pflegetücher kannte die Dame nicht, riss die neue Windel aus der Packung und legte sie ihr mit viel Gewese an. Dann ließ sie sich über Muttis wunde Stelle unterhalb des Beckenkamms aus. Dass sich diese im Krankenhaus drastisch verschlechtert hatte, war uns nicht entgangen. Die Stelle war dick, viel größer geworden und sehr heiß. Am Knöchel zeigte sich Ähnliches, nur nicht in diesem Ausmaß.
Frau Aufdringlich wusste natürlich sofort, was zu tun war. Bienenwachs sollte her, den sie zufällig dabei hatte. Dazu gab es noch ein riesiges Naturpflaster.
Eddie und ich waren genervt und fragten uns, wie wir sie am besten heraus komplimentieren könnten. Nach langem hin- und her suchte sie endlich das Weite. Da klingelte es erneut. Schwester Andrea stand wegen der Medikamentengabe in der Tür. Wir atmeten auf und berichteten über Frau Aufdringlich und das Babyphon. Andrea war sehr nett. Die Stelle wurde auf althergebrachte Weise versorgt, und da diese Schwester kleine Kinder hatte, nahm sie sich des Babyphons an. Aber das hatte kein Einsehen, es funktionierte nicht.
Ich beschloss, Jens anzurufen und ihn zu bitten, mit mir am nächsten Tag nach Stralsund zu fahren.
Die Fahrt war von Erfolg gekrönt. Das neue Babyphon erwies sich als viel bedienerfreundlicher und vor allem betriebsbereit. Auch schleppten wir alle möglichen Lebensmittel an, um Muttis Essenswünsche erfüllen zu können.

Diese war ausgeruht und guter Dinge. Am Abend zuvor hatten wir lange gesessen und beratschlagt, wie wir der Stelle, die langsam aufging, am besten zu Leibe rücken konnten. Eddie versuchte es mit einem Badetuch und drehte dieses zu einem Ring, aber mit wenig Erfolg. So hatten Jens und ich zwei Schwimmringe in verschiedenen Größen erstanden, pusteten den kleineren auf, verstauten ihn in einem Kopfkissenbezug und Mutti schwang sich hinein mit den Worten: „Ich schwimme auch nicht so weit hinaus."
Vom regelmäßigen Drehen eines bettlägerigen Patienten hatten wir zwar auch schon etwas gehört, aber die Praxis sah leider anders aus. Mutti bevorzugte es, auf der rechten Seite zu liegen. Es auch auf dem Rücken oder auf der linken Seite zu probieren, kam für sie dagegen so gut wie nie in Frage. Da war guter Rat teuer. Drehte sie sich dann doch einmal, war das mit lauten Kommentaren verbunden, wie: „ Sssooo und sssooo und sssooo." Kaum hatten Eddie und ich das Zimmer wieder verlassen, hörten wir, wie sie sich leise zurückdrehte. Da half auch alles Zureden unsererseits oder seitens der Schwestern nichts. Sie behauptete dann immer wieder: „Was wollt ihr denn, ich habe doch auf dem Rücken gelegen, aber jetzt ist es genug." Der Schwimmring gefiel ihr gut, auch wenn wir uns die Frage stellten, wie man denn so liegen könne.
Muttis kulinarische Gelüste versetzten uns in Erstaunen. Zum Frühstück musste schon ein Bratei her und auf Braten mit Buttergemüse sowie auf Schmalzbrote mit Sirup hatte sie Appetit. Apfelmus konnte sie auch unaufhörlich verspeisen. Also begann eine lange Nacht in der Küche. Der Braten für das Wochenende wurde vorbereitet und Schmalz umgebraten.
Am nächsten Morgen weckte uns das Läuten des Telefons.

Mein Bruder tönte am anderen Ende, ob wir nicht Kaffeedurst hätten und Mutti nicht Erdbeeren möchte. Die Ersten wären reif. Noch ziemlich verschlafen konnten Eddie und ich ihn gerade noch davon abhalten sofort aufzukreuzen. Wir vertrösteten ihn auf den späteren Vormittag.
Mutti war begeistert von der Aussicht Besuch zu bekommen. Auf die angekündigten Erdbeeren – und diese bitte mit Sahne und Schokosplitter – freute sie sich sehr. Wir hatten nun einen Gourmet im Pflegebett.
Zunächst einmal mussten Eddie, Mutti, die Kinder und ich Körperpflege betreiben und kredenzten ihr das bestellte Schmalzbrot mit Sirup. Die Kinder wunderten sich, Schmalz aßen sie schon, aber mit Sirup?
Pünktlich erschien mein Bruder, Tom, schrie nach Kaffee und drückte mir die Erdbeeren in die Hand. Eddie und Tom gingen zu Mutti. Ich servierte den Kaffee und es wurde ein gemütlicher Vormittag. Mein Bruder ist beruflich ständig auf Montage und hat immer viel zu berichten.
Wie Tom auf einmal richtig bemerkte, war es in Muttis Zimmer ziemlich heiß. Das Sauerstoffgerät erwies sich als Ursache für die Wärme. Es war nach unserem Erachten mehr für die kalte Jahreszeit geeignet, aber nicht für die Sommermonate. Dies musste dringend aus dem Zimmer entfernt werden, wurde auf den Flur befördert und diente fortan dort als Sommerheizung.
Muttis Darm wollte sich leider immer noch nicht an das Kontingent halten. Die Durchfälle waren zwar nicht mehr so stark, aber immer noch da. So rissen auch unsere Müllberge und Besuche im Sanitätshaus nicht ab. Zum wichtigsten Hilfsmittel mutierte der Toilettenstuhl. Immer wenn ein: „Ich muss auf den Pott!!!" ertönte, ließen wir alles stehen und liegen und

rannten zu Mutti. Dabei entwickelten Eddie und ich eine ungeahnte Schnelligkeit.

Wir erwarteten sehnlichst Dr. Freundlichs Hausbesuch. Endlich war es soweit und Dr. Freundlich erschien. Er ist sehr feinfühlig und verständnisvoll und kann gut mit alten und schwerkranken Menschen umgehen. So erfuhren mein Partner und ich endlich warum Mutti immer auf der rechten Seite liegen wollte. Die linke Seite war gesund und wurde somit entlastet und sie bekam so sehr gut Luft. Der Grund für den jetzigen Durchfall war der Hustenlöser, der sofort abgesetzt wurde. Er untersuchte Mutti gründlich, besprach mit ihr und uns alle möglichen Dinge und wir erhielten erneut einen Packen Verordnungen. Salben und Verbände für die Stelle unterhalb des Beckens und Bettschuhe für den Knöchel, ein Pflegebett, einen Toilettenstuhl und einen Rollator, der Mutti beim Gehen behilflich sein sollte und vieles mehr. Die Apotheke lieferte am nächsten Tag alles und wir salbten und probierten Bettschuhe und Verbände. Der Schwimmring erwies sich als sehr hilfreich. Auch Aufstehen sollte Mutti und viel trinken. Sie war bisher immer nur mit unserer Hilfe im Zimmer umhergelaufen. Mit dem Rollator würde sich endlich ihr Wunsch erfüllen, die gesamte Wohnung zu erkunden. Nur leider benötigten wir erst die Genehmigungen der Krankenkasse. Der Pflegedienst half auch diesmal. Schwester Sabrina brachte uns am nächsten Tag einen Rollator mit, gegen Gebühr, zur Leihe.

Nun stand dem Aufstehen nichts mehr im Wege. Aber Mutti hatte auf einmal dazu so recht keine Lust und verschob dies von einem auf den anderen Tag. Auch die Schwestern konnten sie nicht so recht von der Notwendigkeit überzeugen. Ein paar Tage später, wir hatten am Abend zuvor über Urlaub

und sonstige Dinge geredet, meinte sie plötzlich: „Ich will auch mit euch in den Urlaub fahren und zwar auf den Darß." Wir staunten nicht schlecht und fragten: „Möchtest du im Pflegebett mit und vor allem, wie kommst du auf den Darß?" Sie erwiderte, dass es dort sehr schön sei und dann würde sie eben aufstehen, denn mal müsse das sowieso passieren. Allerdings samt Rollator durch die Wohnung oder wenigstens in ihrem Zimmer laufen wollte sie dann doch noch nicht, obwohl wir ihr ja als Hilfe zur Seite standen.
Eddie und ich überlegten gemeinsam mit Mutti und kamen auf die Idee sie auf den Rollator zu setzen. So zogen wir unsere Mutter an, halfen ihr aus dem Bett und sie nahm auf dem Gefährt Platz. Eddie war der Fahrer und ich ging hinter Mutti um sie im Notfall stützen zu können und den Sauerstoffschlauch zu halten. So erkundeten wir die gesamte Wohnung und Mutti bereitete „diese Fahrt" großes Vergnügen. Schließlich nahm sie im Wohnzimmer, im Sessel Platz um fern zu sehen.
Die Durchfälle waren endlich besiegt und Eddie und ich besprachen mit Mutti, dass wir wieder einmal ausgehen wollten, zum Essen und einem Glas Rotwein, in unsere Lieblingskneipe. Diese war sofort damit einverstanden und Frau Fass erschien. Wir konnten ihr getrost, Kinder, Hunde und unseren Pflegefall überlassen. Frei von allen Verpflichtungen pflügten mein Mann und ich mit unseren Stöcken in Richtung Lieblingskneipe. Irgendwie wollte keine rechte Stimmung aufkommen. Wir hatten zu viel Negatives erlebt und waren sehr gestresst. Eddie und ich bestellten unser Lieblingsessen, ein Glas Wein dazu und versuchten es uns gut gehen zu lassen. Wir sprachen über viele Dinge, bis ich auf einmal keine Antwort mehr erhielt. Eddie hockte neben mir und schlief. Wie deprimierend

für mich. Ich nahm meinen MP3-Player aus der Tasche und hörte ein wenig Musik. Nach einer Weile verspürte ich ein dringendes Bedürfnis und schlich mich vom Tisch. Als ich wieder erschien, schnarchte Eddie ziemlich laut. Das Gesäusel von den Nebentischen war gut zu verstehen und ich beschloss nun doch meine Begleitung zu wecken. Nach einem Espresso wurde er wieder munter und wir gingen noch einmal zu Wein über. So verlief der Abend dann doch noch recht harmonisch. Wieder zu Hause angekommen griff Eddie zum Telefon um Frau Fass ein Taxi zu bestellen. Die Antwort war leider alles andere als positiv. Eine Stunde Wartezeit! Frau Fass verließ ziemlich gefrustet die Wohnung. Das tat uns leid, denn nun musste sie den weiten Weg zu Fuß zurücklegen. Schließlich war Frau Fass mit ihren fast 68 Jahren auch nicht mehr gerade jugendlich. Mutti war noch wach und wir unterhielten uns noch eine Weile mit ihr.
Eddies Geburtstag stand zur Debatte und Mutti plante munter. Eddie scherzte: „Ich wünsche mir einhundert Tüten Bonbon." Daraufhin meinte unser Gourmet: „Dann mach mal schon vorsorglich einen Termin beim Zahnarzt, aber so war mein Herr Sohn immer. Als Kind mampfte er sämtliche Marmeladenvorräte auf und wenn die alle waren, stopfte er Zucker in sich hinein. Wollte ich Kuchen backen, war keiner mehr im Haus." Eddie beichtete Mutti an diesem Abend auch, dass er sich sogar einen Löffel in die Hosentasche gesteckt hatte, zum Konsum gelaufen war um Marmelade zu erstehen, es sich anschließend damit im nächsten Busch gemütlich zu machen und diese genüsslich zu futtern. Heute lehnt Eddie dafür aber jegliche Marmeladensorten ab und Mutti lachte: „Der hat sich als Kind überfressen."

24 MASCHINE 5 IN PALAIS DE REI

Irgendwann hatte mich dann doch noch der Schlaf übermannt. Ziemlich kaputt trotteten wir nach dieser wenig erholsamen Nacht im „Casa Malheur" unter die Dusche. Eddie war als erster fertig, verließ das Bad und als ich erneut die Tür absperren wollte, war das Schloss leider defekt. Ich beeilte mich, dann raffte ich unsere Sachen vom Trockner, welche sich in der Nacht sichtlich vermehrt hatten. Zum Glück waren die der Dänen noch ziemlich nass, ansonsten hätte ich sie gar nicht sortiert bekommen und so mancher wäre wohl ohne Unterhose weitergezogen. Wir packten unsere Rucksäcke und gingen nach nebenan zum Frühstück. Kurz darauf erschienen auch Hain und Arne sowie unser dänisches Fernsehteam im Gastraum. Die Wirtin hatte alle Hände voll zu tun mit so vielen Leuten. Es dauerte sehr lange, bis alle etwas zu essen hatten. Als ich die von Eddie inzwischen so verhasste Marmelade in den Händen hielt, musste ich schmunzeln.
Eigentlich wollten wir längst wieder unterwegs sein. Hain verkündete, dass er gründlich in seinem Outdoorführer gestöbert hätte und es nun mit den Anstiegen vorbei sei. Weiterhin fragte er uns: „Habt ihr mich in der Nacht gehört? Ich war auf dem Flur und habe erst einmal für Ruhe gesorgt." Dies verneinten Eddie und ich. Zu sehr waren wir mit dem instabilen Bett beschäftigt gewesen.
Als Hain, Arne, Eddie und ich schließlich unsere Rucksäcke schultern wollten, sprach uns einer der Dänen in sehr gutem Deutsch an. Er bedauerte den Lärm, den sie verursacht hatten. Auch berichtete er uns von dem Dokumentarfilm, den sie für das Dänische Fernsehen drehten. Die Gruppe sei dazu aus

Pilgerbegegnungen

ganz Dänemark zusammengekommen und die Leute hatten sich erst während des Fluges kennengelernt. Vor allem interessierte ihn, wie wir als Blinde den Weg finden könnten. Ich berichtete von dem aufgelesenen Outdoorbuch und führte es vor. Inzwischen hatten sich noch einige andere Frauen und Männer aus dem Team um uns versammelt und hörten interessiert zu. Dann verabschiedeten wir uns und wünschten auch Hain und Arne einen schönen Tag in der Gewissheit, dass wir uns in einigen Stunden wieder über den Weg laufen würden. Sie hatten einen anderen Schritt als mein Mann und ich.
Schon im nächsten Ort vor der verschlossenen Dorfkirche trafen sich alle wieder. Wir hatten bis dahin schon einen ziemlich steilen Anstieg absolviert, liefen bis zur Bergkuppe gemeinsam, um erneut „Adieu" zu sagen. Die beiden Herren gingen schnellen Schrittes davon und wir schlenderten gemütlich die

Grabstätten am Wegesrand

kleine Straße entlang. Pilger trafen wir kaum, bis Eddie und ich einen leichten Schritt hörten. Da erklang auch schon das „Buen Camino" und ein netter Plausch folgte. Wir gingen ein Stück gemeinsam und der Mann, aus Österreich stammend, berichtete, dass man ihm vor zwei Tagen in einem Albergue die Wanderschuhe entwendet hatte. Nun sei er in einfachen Outdoorsandaletten unterwegs, was ziemliche Probleme bereiten würde. Wir fragten, ob er denn nicht den Laden in Portomarin entdeckt hätte. Dies verneinte er bedauernd. Zum Abschied bat er uns noch um ein Foto und dann bummelten mein Gefährte und ich wieder allein ganz gemächlich weiter. Der Morgen war schön und das Laufen tat uns gut. Bei einem der nächsten Anstiege liefen wir direkt in eine Herde Kühe hinein. Diese waren aber die Pilger scheinbar gewöhnt. Ich fragte den Bauern nach der nächsten Bar. Der erste Tagesstempel

Rast mit Hain und Arne

war fällig. Es hieß wieder einmal „Arriba, arriba!". Zehn Minuten später hockten wir vor einer Tasse Kaffee und der üblichen Cola und schmunzelten. Auf diesen wenigen Kilometern waren wir Hain und Arne ein zweites Mal begegnet und auch die Dänen hatten uns überholt, nachdem wir zuvor, blind wie Eddie und ich nun einmal sind, in ihre Dreharbeiten platzten. Die Rast war kurz und schon ging es weiter. Die nächsten Kilometer mussten wir entlang der Straße laufen. Diese war allerdings kaum befahren. In einem kleinen Örtchen stießen wir nun bereits zum dritten Mal auf dieser Etappe auf Hain und Arne. Unsere Gruppe ging nun gemeinsam weiter. Zum Ortsende hin erwarteten uns noch ein Anstieg und kurz darauf eine kleine Kirche. Auch diese war leider verschlossen. Jetzt stand die Sonne schon sehr hoch am Himmel und brannte erbarmungslos auf uns nieder. Die nächste Bar war

unser Ziel. Hain meinte, dass diese laut Buch in fünfzehn Minuten erreicht sei. Nun legten wir uns richtig ins Zeug. Aber selbst nach fünfundvierzig Minuten konnten uns unsere Begleiter immer noch nicht mit den Worten: „Bar in Sicht!" erfreuen. Hain erwiderte lachend: „Das ist eben eine spanische Viertelstunde."
Eddie und ich schnupperten. Wir meinten, den Geruch von Eukalyptusbäumen wahrgenommen zu haben. Zwanzig Minuten später rief Arne plötzlich: „Ich glaube, wir sind gleich am Ziel. Man, habe ich einen Hunger und Appetit auf eine Cola habe ich auch!" Tatsächlich waren wir nur noch wenige Meter von der angekündigten Bar entfernt. Dort legten wir eine längere Pause ein. Bis Palais de Rei konnten es höchstens noch drei bis vier Kilometer sein und es war erst mittags. Auf dem letzten Abschnitt für diesen Tag ließen wir uns Zeit und versuchten es wieder einmal mit dem Fotografieren. Immer wenn andere Pilger Eddie und mich um ein Foto baten, fiel auch uns ein, dass wir eine Kamera dabei hatten. Außerdem witzelte ich über Eddies Seppelhosen, wie er seine Caminoerrungenschaft scherzhaft nannte und welche er seit seinem Sturz trug. So zog ich ihn des Öfteren damit auf, dass es ihm auf dem Camino nichts ausmachte, einen Teil seiner Revuebeine zur Schau zu stellen. Zu Hause würde er sich unter keinen Umständen in Dreiviertelhosen präsentieren, nicht einmal hinter verschlossenen Türen, so blöd kam er sich darin vor.
Am Ortseingang von Palais de Rei erfühlten wir zunächst einen großen Stein mit vielen taktilen Pilgerelementen. Dann suchten Eddie und ich eine Unterkunft. Hain und Arne waren uns diesmal dabei behilflich. Es war ein kleines, preiswertes Hotel gleich in der Nähe des Zentrums. Unsere beiden

Eddie in den legendären "Seppelhosen"

Begleiter dagegen quartierten sich in einer Pension unweit unserer Bleibe ein. Der Hotelchef führte uns auf ein gemütliches Zimmer, in dessen angrenzendem Bad wir sofort unter die Dusche sprangen und unsere Füße als oberste Pilgerpflicht vorsorglich mit Hirschtalg pflegten, um uns im Anschluss wieder an die Rezeption zu begeben. Mein Gefährte und ich benötigten dringend eine Wasch- und Trockengelegenheit für unsere durchgeschwitzten Klamotten. Das einzige, was wir aus den nun folgenden Worten der Rezeptionistin entnehmen konnten, war: "Maschine 5". Und wieder: "Maschine 5". Weiterhin hatte ich gerade noch gerafft, dass wir unsere Sachen oben im Bad waschen sollten. Sie drückte uns einen Plastesack in die Hand und machte uns klar, anschließend wieder zur Rezeption zu kommen. Dies taten Eddie und ich. Die Señora führte uns in eine Tiefgarage und erklärte uns erneut:

In Palais de Rei

„Maschine 5". Die Maschine entpuppte sich als Wäschetrockner und ich reimte mir zusammen, dass das Trocknen fünf Euro kosten sollte. Der Preis betrug aber nur drei Euro. Eddie meinte: „Vielleicht stehen hier mehrere Maschinen und das ist die Nummer 5." Auch falsch, hier am Rande der Autos parkte einsam und verlassen nur eine Einzige. Die nette Dame stopfte unsere Sachen in den Trockner und wir zottelten in die Stadt. Natürlich schlugen mein Freund und ich genau den verkehrten Weg ein. Nachdem Eddie und ich eine Weile durch den Ort gerannt waren, kehrten wir zurück. Schließlich hatte ich so viel verstanden, dass sich das Zentrum nur wenige Meter vom Hotel entfernt befinden sollte. Kurz vor unserer Unterkunft führte eine Treppe in eine Seitengasse, an deren Ausgang unüberhörbar ein Albergue war. Schnell entdeckte Eddie zwei Supermärkte und ein Café, in welchem wir es uns gemütlich machten. Hain und Arne kreuzten wieder unseren Weg. Diese berichteten von einer kleinen gemütlichen Bar und luden uns ein, dort gemeinsam mit ihnen den Abend zu verbringen. Dazu wollten sie uns um 19.00 Uhr im Hotel abholen. Dort wieder angelangt, übergab uns die Dame von der Rezeption einen Wäschekorb mit unseren inzwischen getrockneten Klamotten. Wir gingen auf unser Zimmer, ruhten uns ein wenig aus und hörten die Wegbeschreibung für den nächsten Tag. Die Wegweiser aus der Stadt hinaus hatten wir bereits bei unserem Bummel entdeckt.

Unser Zimmertelefon klingelte, die Rezeption meldete sich und Sekunden später ertönte Hains Stimme im Hörer. Es war noch eine gute halbe Stunde Zeit bis zum vereinbarten Treffen. Er meinte, die Bar würde sich füllen und wenn wir noch einen Platz bekommen wollten, müssten wir los. Dies leuchtete uns ein. Wir hatten Glück, es gab noch einen freien Tisch. Das Pilgermenü fiel so reichlich aus, dass ich lediglich die Vorsuppe schaffte. Diese bestand aus einer tollen Kartoffelsuppe. Später las Hain aus seinem Outdoorbuch vor und erläuterte uns die nächste Etappe. Als wir uns dafür bedankten, witzelte er: „Steffi und Eddie, ihr schreibt doch bestimmt ein Buch und nun ratet doch mal, warum wir euch helfen? Wir wollen doch in dem Buch gut weg kommen." Darauf brach schallendes Gelächter aus. Wir verlebten einen gemütlichen Abend, später lagen Eddie und ich und gesättigt im Bett und quasselten.

Der Jakobsweg war eine tolle Erfahrung und mancherlei Erkenntnis gab es auch. Allerdings quälte Eddie und mich weiterhin eine Frage! Waren wir schlechte Christen? Diese sollten vergeben können und genau das konnten wir Martha und Alf gegenüber bisher nicht. Auch mein Freund und ich machten

Fehler, wie jeder Mensch. Aber warum hatten diese uns so behandelt? Alf Kubatzki tat dies, wie ich wusste aus Feigheit. Unwahrheiten, nur um zu nichts stehen zu müssen und dabei war es ihm völlig egal, welchen Schaden er anderen damit zufügte. Er sah nur sich. Für das Verhalten dieser beiden Menschen gab es derzeit für uns einfach keine Nachsicht und kein Verzeihen.

Nur zu gut erinnerte ich mich an Schreiben von Frau Rechtsanwältin Ella Gierig, in welchen sie sogar meine Behinderungen abstritt. Sie kannte ihre eigene Akte nicht, denn eine Kopie meines unbefristeten Schwerbehindertenausweises schmorte zum Zeitpunkt dieser Behauptung schon eineinhalb Jahre darin. Ihre Ausführungen taten oft sehr weh. Einmal wies mich mein Anwalt schon vorab in seinem Anschreiben darauf hin, dass in der Anlage ein vor Beleidigungen strotzendes Schriftstück der Gegenseite beigefügt sei. Warum handelte sie so verletzend? Dabei waren wir uns nie persönlich begegnet, da Frau Gierig bei der Scheidungsverhandlung vor dem Gericht in W. natürlich von einem ortsansässigen Anwalt vertreten wurde. Zum Glück war das alles längst Geschichte, Ella Gierig aus Altersgründen inzwischen in Rente, Alf hatte eine neue Familie gegründet und ich lebte wieder in meiner Heimat.

Eddie schlussfolgerte, dass diese beiden Menschen uns nicht annähernd das Wasser reichen konnten, wie es so schön im Volksmund heißt. Weiterhin sagten wir uns an diesem Abend, dass wohl auch Christen nicht immer sofort vergeben, vergessen und verzeihen können. Mein Freund und ich würden mit unserem Pfarrer einmal darüber reden müssen.

Mein Handy klingelte. Eine Freundin aus Wien war am anderen Ende der Leitung. Wir hatten seit Wochen nichts mehr voneinander gehört und uns nun viel zu erzählen. Gegen Mitternacht kehrte endlich Ruhe ein. Vor dem Einschlafen meinte ich noch, einen heftigen Regenguss gehört zu haben.

25 REGEN, NICHTS ALS REGEN

Mit Regen empfing uns auch der nächste Morgen. Das hatte gerade noch gefehlt. Bis zum Aufbruch waren es noch gute zwei Stunden Zeit und so hofften wir auf schönes Wetter.
Eddie und ich machten uns fertig, packten unsere Sachen, gingen zur Rezeption und zahlten. Der Wirt geleitete uns zur Tür. Es goss in Strömen. Zunächst mussten wir nur um die nächste Hausecke, um in der kleinen Bar, welche wir schon vom Vorabend kannten, zu frühstücken. Im Hotel gab es leider nichts. Es war brechend voll und wir hatten Glück, gerade noch zwei Plätze zu bekommen. Eine halbe Stunde später brachen wir auf und liefen direkt Hain und Arne in die Arme. Sie planten später loszugehen in der Hoffnung, dass der Regen aufhörte. Der Weg aus Palais de Rei hinaus zog sich hin. Es waren viele Pilger unterwegs, so dass wir einfach nur mitzulaufen brauchten. Endlich lag die Stadt hinter uns. Es ging steil bergauf in den Wald hinein. Der Pfad war schon völlig aufgeweicht und wir waren ständig auf der Hut, nicht ins Rutschen zu geraten und hielten uns an unseren Wanderstöcken krampfhaft fest. Als Eddie und ich nach einem kräftezehrenden Abstieg endlich in einem Dorf ankamen, freuten wir uns auf einen Kaffee und eine kleine Pause. Nur gab es keine Bar, was bedeutete weiterzuziehen. Unsere Klamotten waren trotz Regenjacke und Hose völlig durchnässt und klebten auf der Haut. Nur unsere Schuhe hatten nichts abbekommen und das, obwohl wir knöcheltief im Schlamm versunken waren. Zum Glück gestaltete sich der nächste Streckenabschnitt etwas einfacher und es ließ sich gut laufen.
Irgendwann gelangten wir zu einem Haus, welches an einem

Berg lag. Eddie und ich waren der Meinung, dass es sich um eine Albergue oder ein Casa mit Bar handelte. Aber auch hier standen wir vor verschlossenen Türen. Es schüttete immer noch wie aus Eimern. Unsere Stimmung war nicht die Beste und wir fühlten uns wie zerschlagen. Als wir meinten, den Anstieg endlich gemeistert zu haben, tat sich vor uns ein breiter Hohlweg in einem Wald auf, der nur aus Felsgestein bestand. Langsam erklommen Eddie und ich den Weg, Stück für Stück weiter aufsteigend. Nach einer Weile blieb ich stehen, denn plötzlich kam Wind auf und außer dem Rauschen der Bäume und dem Prasseln des Regens hörte ich nichts mehr. Wo war Eddie geblieben? Ich rief ihn immer wieder und erhielt keine Antwort. Ein Schreck durchfuhr mich und ich beschloss zurückzugehen. Dies war schon nach wenigen Metern nicht mehr machbar, zu sehr war ich ins Rutschen geraten. Minuten später ertönte endlich Eddies Stimme, der ebenfalls nach mir rief. Auch er hatte mich gesucht. Ziemlich unsicher und zitternd setzten wir unseren Weg fort. Pilger waren zu hören und Schüsse, die auf eine Jagd hindeuteten. Endlich erreichten wir eine kleine Straße und ich wandte mich Eddie zu und bat um eine kurze Rast. Nur der Pilger neben mir war gar nicht mein Mann. Oh, was für ein Tag! Ich ging einige Meter weiter, immer nach Eddie rufend, und mein Gehirn arbeitete dabei fieberhaft. Was nur tun in diesem Moment? Auf einmal hörte ich Pilger, die ich unschwer als Spanier identifizieren konnte. Eine der beiden Frauen sprach mich in englischer Sprache an: „Woher kommst du? Sprichst du Englisch? Was ist passiert?" Ich plapperte völlig aufgelöst drauflos, überrascht, die Vokabeln noch zu können. Die junge Frau versuchte mich zu beruhigen und stellte mir ihre beiden Freunde vor. Die drei Spanier unterhielten sich aufgeregt, bis die Señora sich mir wieder zuwandte. Ihre beiden Freunde würden vorgehen und Eddie aufhalten, denn bestimmt sei er noch nicht weit gekommen. Wir blieben noch eine Weile stehen und Tränen liefen mir über die Wangen. Soweit waren wir gemeinsam gekommen und der Jakobsweg hatte uns noch enger zusammengeschweißt. Und jetzt sollten wir uns verlieren, so kurz vor dem Ziel? Langsam setzten wir unseren Weg fort. Die junge Spanierin redete weiter beruhigend auf mich ein.

Plötzlich gelangten wir an eine Weggabelung. Es ging wieder in den Wald hinein auf einem völlig aufgeweichten, schlammigen Pfad. Die Frau hielt mich am Arm fest und bedeutete mir stehenzubleiben. Sie holte ihr Handy aus der Tasche und telefonierte mit ihren Freunden. Von Eddie gab es keine Spur. Ich hörte, dass sie erneut, diesmal sehr aufgeregt, telefonierte. Mir zugewandt erklärte die junge Spanierin, dass sie mit der hiesigen Lokalpolizei sprach. Schließlich seien wir nach rechts abgebogen und falls mein Mann geradeaus weitergegangen wäre, würden ihre Freunde ihn nicht finden können. Die Polizei bat mich um eine Personenbeschreibung und meinte, dass alles kein Problem sei und bisher noch nie ein Pilger verschwunden wäre. Sie würden in der nächsten halben Stunde per Krad den Wald abfahren und ich sollte im kommenden Ort in einer Bar warten. Weiter fragten sie, wo wir uns denn derzeit befinden würden. Aber das konnten weder meine Begleitung noch ich genau beantworten. Schließlich verabschiedeten wir uns und eilten weiter.

Der Regen prasselte in mein Gesicht, die Füße versanken im Schlamm und das nächste Dorf schien unerreichbar. Ich konnte einfach nicht mehr und lehnte mich erschöpft an eine Mauer. Auch hielt ich dem Schritt der Spanierin nicht stand. Sie beruhigte mich wieder und wir setzten den Weg, nun etwas langsamer fort. Auch konnte ich eins nicht nachvollziehen. Nachdem Eddie und ich uns in dem felsigen Wald wiedergefunden hatten, lautete unsere Vereinbarung, dass er vorgehen sollte. Warum wartete er denn nicht? Ich konnte keinen klaren Gedanken fassen. Nach einer Weile klingelte das Handy meiner Begleiterin. Ihre Freunde berichteten erfreut, dass sie Eddie in einer Bar gefunden hätten und er dort auf mich warten würde. Ich wusste nicht, ob ich weinen oder lachen sollte. Endlich gelangten wir in einen Ort. Bis zur Bar war es noch ein ganzes Stück zu laufen. Als wir sie erreicht hatten, nahm die junge Spanierin mich zum Abschied in die Arme und sprach mir Mut zu. Ich stürzte hinein und der ganze Druck des Tages entlud sich. Anstatt mich zu freuen, Eddie wiedergefunden zu haben, raunzte ich ihn an: „Was sollte denn das? Warum hast du nicht auf mich gewartet und bist unterwegs nicht einfach mal stehengeblieben?" Wie Eddie sich fühlte, interessierte mich in dem Moment absolut nicht. Er antwortete: „Ich habe auf dieser Straße innegehalten, einfach um die Schultern durchzudrücken und habe in die Umgebung gehört. Plötzlich wurde ich angesprochen und verstand zumindest so viel, dass ich gefragt wurde, ob ich ein Problem hätte. Dies wurde von mir verneint und langsam zottelte ich weiter. Der Mann blieb an meiner Seite und zog mich plötzlich mit sich nach rechts. Er redete auf mich ein und fragte, ob ich englisch oder französisch könne?" Langsam beruhigte ich mich etwas und bestellte mir eine Cola und einen Kaffee. Eddie fuhr fort: „Steffi, ich wusste nicht mehr, wo du bist, ob vor oder hinter mir, und so fragte ich den Franzosen nach dir. Nur, eine Verständigung war unmöglich, trotz des Einsatzes von Händen und Füßen, und so führte er mich in diese Bar hier. Nach einer Weile füllte sich diese mit Pilgern, Spanier waren auch darunter. Dann sprach der Wirt mich an und teilte mir mit, dass ich hier auf dich warten solle." Ich spürte, wie aufgeregt Eddie war und das auch ihn die ganze Geschichte sehr mitgenommen hatte und kam allmählich zur Ruhe. Wir bestellten erneut Kaffee und zwei Pilger kamen zur Tür herein. Einer erzählte uns, dass er aus Dänemark komme und ich wunderte mich über sein gutes Deutsch mit unverkennbarem Hamburger Akzent. Angeregt unterhielten wir uns und er berichtete, dass er Deutscher sei, aus Hamburg stamme und seit zwanzig Jahren in Dänemark lebe.

Ich musste dringend zur Toilette und fragte den Wirt nach dieser. Seine Frau führte mich auf begehrtes Domizil. Das Ehepaar sprach ein ausgezeichnetes Deutsch. Die Sachen klebten am Körper und ich fror erbärmlich. Wieder am Tisch angekommen, trank ich noch einen Kaffee und wir setzten unser Gespräch fort. Unser Deutsch-Däne, wie wir ihn fortan scherzhaft nennen sollten, aß noch eine Kleinigkeit und Eddie und ich beschlossen zu zahlen.

So ganz harmonierte es immer noch nicht zwischen uns. Zähneklappernd verließen wir die Bar und setzten ziemlich gefrustet unseren Weg fort. Der Regen hatte inzwischen etwas nachgelassen. Unsere Füße waren noch immer trocken und nach wenigen Metern wurde uns wieder wärmer. Nur stehenbleiben durften wir nicht, dann klapperte einer lauter als der andere.

Endlich kamen wir in die Nähe der durch unseren Outdoorführer angekündigten Straße. Melide war also nicht mehr weit. Wir hörten einen Bus und bemerkten links neben uns Häuser. Vielleicht Firmen oder ein Industriegelände, lautete unsere Schlussfolgerung. Andere Pilger überholen uns. Wir liefen weiter und fluchten, als es erneut bergan ging. In der

Ferne meinten wir ein Sägewerk zu hören. Plötzlich nach einer Kurve hielt ein LKW und der Fahrer rief aufgeregt: „No Melide, no Melide!" Er bedeutete uns umzukehren und fuchtelte mit weit ausgestreckten Armen in die linke Richtung. Gründlich tasteten wir über den Weg hinaus alles ab und schließlich meinten wir, einen schmalen Pfad gefunden zu haben und waren uns einig, dass es dort weitergehen müsse. Das Gelände war sehr unwegsam und führte einen steilen Abhang hinunter. Plötzlich gerieten wir ins Dickicht und nirgendwo ließ sich eine Weiterführung der Strecke erkennen. Außer Bäumen und Gebüsch ertasteten Eddie und ich nichts. Wir gingen zurück, kletterten wieder hinauf und auf einmal blieb mein Wanderstock so weit im Boden stecken, dass ich ihn beim Versuch des Herausziehens abbrach. Fortan musste ich also ohne ihn auskommen.

Nach einigem hin und her Geirre erreichten wir wieder die Straße. Schritte näherten sich uns und eine Frau meinte, dass wir ihr folgen sollten. „Melide?", lautete unsere Frage. Dies wurde bejaht. Nun waren wir es, die riefen: „No Melide?" Die Dame drehte sich um und wir liefen gemeinsam zurück. Da näherte sich uns jemand im Laufschritt, Pfiffe ertönten und ich hörte: „Come, come here, Melide!" Aufgeregt setzten wir uns in Bewegung. Tatsache – da hatten wir alle einen Abzweig übersehen.

Der Weg führte hinunter nach Furelos und war nicht einfach zu bewältigen. Unsere neue Bekanntschaft lief immer noch neben uns her und so durchquerten wir gemeinsam dieses kleine Dörfchen. Kaum hatten wir es hinter uns gelassen, mussten Eddie und ich noch einmal alle Lebensgeister mobilisieren, um den Anstieg nach Melide zu meistern. Selbst im Ort ging es noch steil bergauf. Mit letzter Kraft gelangten wir schließlich ins Zentrum der Kleinstadt. Unsere Begleitung erkundigte sich bei uns, wo wir nächtigen wollten. Nach diesem Tag kam eine Herberge nicht in Frage und so äußerte ich unser Begehren nach einem Fremdenzimmer, einem Hostal oder Hotel. Sie bedeutete Eddie und mir zu warten. Nach einer Weile, wir hatten inzwischen schon Passanten angesprochen und nach einer Unterkunft gefragt, kehrte sie zurück und bat uns mitzukommen. Kurz darauf standen wir vor dem Hotel „Xaneiro II". Noch ein „Buen Camino" und „Thank you", und sie lief davon.

Die freundliche Besitzerin dieses Hauses nahm meinen Mann und mich in Empfang und führte uns in ein großes, geräumiges Zimmer. Müde setzten wir die Rucksäcke ab und zerrten uns die völlig durchnässte Kleidung vom Körper. Der Raum war eiskalt und wir zitterten um die Wette. Die warme Dusche schaffte Abhilfe und unsere Lebensgeister erwachten wieder. Wir tasteten nach Handtüchern und mussten feststellen, dass das ganze Bad unter Wasser stand. Dieses war behindertengerecht, nur der Abfluss hatte einen Haken. Er war nicht tief genug und somit konnte das Wasser nicht richtig ablaufen. Nach einer halben Stunde hatten wir die Wasserfluten beseitigt, uns angezogen und erschienen mit unserer durchnässten Kleidung in der Bar. Eddie und ich ließen uns auf die Stühle fallen, genossen den Kaffee, das Lebenselixier in diesen Wochen schlechthin, und fragten nach einer Gelegenheit zum Wäsche waschen und trocknen. Die Bedienung erklärte uns irgendetwas und wir liefen los, gelangten in die Hauptstraße, gingen diese ein Stückchen entlang und fragten schließlich Passanten.

Man verstand uns nicht. Eddie gab sein Bestes, arbeitete mit Händen und Füßen und ich bekam schon Bauchschmerzen, dass er auch noch unsere nasse Wäsche aus dem Beutel holte, um den Vorgang des Waschens haargenau zu demonstrieren. So echt spielte er die fleißige „Waschfrau". Die beiden Damen redeten unaufhörlich und ein Herr kam hinzu. Dieser verstand ganz schnell, was wir wollten und machte uns begreiflich, dass in Melide kein Waschcenter sei. So kehrten wir unverrichteter Dinge ins Hotel zurück. An der Eingangstür empfing uns schon die nette Wirtin, nahm uns bei den Händen und drei Minuten später standen wir in einer Reinigung. Die saubere Wäsche würde in drei Stunden wieder im Hotel sein. Wir zahlten, bedankten uns und gingen alle drei zurück ins Hotel.

Die Chefin behandelte uns wie eine Mutter ihre Kinder und kümmerte sich rührend um unser Wohlergehen. Am späten Abend nahmen wir im Hotelrestaurant ein fantastisches Menü ein, dazu kamen der obligatorische Rotwein sowie ein Mokka und unsere Welt war wieder in Ordnung.

Ein wenig Sorgen machten wir uns allerdings um Hain und Arne. Hatte Eddie und mich auch nur der Zufall in dieses Hotel gebracht, war es doch ihr angestrebtes Ziel für diesen Tag. Gegen Mitternacht gingen wir zu Bett, dankten Gott, dass er uns wieder zusammengeführt hatte und schliefen sofort ein.

26 TOSHIKO UND EDDIES ENGLISCHKURS

Als ich am nächsten Morgen erwachte, hörte ich keinen Laut im Hotel. Es musste noch sehr früh sein. Eddie rekelte sich neben mir und forderte mich auf: „Steffi, es ist 6.00 Uhr. Komm, ab ins Bad! Diesmal müssen wir aber etwas vorsichtiger sein mit der Dusche." Alle Vorsichtsmaßnahmen halfen nichts. Wir hatten nicht nur das ganze Bad unter Wasser gesetzt, sondern auch noch den vorderen Teil des Wohnraumes geflutet. Die Aufwischerei wollte kein Ende nehmen. Ich tastete vorsichtig nach den schönen Holzmöbeln. Zum Glück hatten diese nichts abbekommen. Nach getaner Arbeit machten wir uns „caminofein" und gingen in die Hotelbar zum Frühstück. Eddie und ich beschlossen, uns an diesem Tag Zeit zu lassen. Irgendwann würden wir schon in Arzúa ankommen.
Als wir gerade bei der zweiten Tasse Kaffee saßen, ertönte neben uns ein fröhliches: „Good Morning, Hallo". Unsere nette Begleitung vom Vortag stand an unserem Tisch. Wir begrüßten sie freudig und Eddie lud unsere Pilgerfreundin zum Frühstück ein. Ich dolmetschte und nun machten wir uns erst einmal miteinander bekannt. Ihr Name lautete Toshiko und sie stammte aus Japan. Weiter erfuhren Eddie und ich von ihr, dass auch sie ihren Pilgerweg in St. Jean Pied de Port begonnen hatte. Wir plauderten, tranken die dritte Tasse Kaffee und Toshiko erzählte: „Ihr seid meine Freunde, ich bin gekommen euch abzuholen, damit wir die heutige Wegstrecke gemeinsam gehen können." Dann nahm sie uns in die Arme und gemeinsam brachen wir auf. Zuvor zahlte ich bei der netten Wirtin die Zeche und war überrascht, wie gering

Toshiko und Eddie

diese ausfiel. Der Abschied von dieser mütterlichen Frau fiel schwer. Sie drückte unsere Hände und tat lautstark ihre Erleichterung kund, dass Eddie und ich unseren Weg nicht allein fortsetzen würden.
Als wir bei den letzten Häusern von Melide ankamen, zeigte Toshiko uns das Albergue, in welchem sie übernachtet hatte. Sie berichtete von ihren Landsleuten, davon, dass diese möglichst immer am Abend zusammen kochten, denn die europäische Küche sei für einen Japaner etwas gewöhnungsbedürftig. Dies verstanden wir gut.
Dann hatte uns die Natur auch schon wieder. Unsere Begleiterin wies Eddie und mich auf alles hin, was sich am Wegesrand befand und so konnten wir uns ein Bild von unserer

Brücke über den Fluss „Rio de Catasol"

Umgebung machen. Ich fungierte dabei als Dolmetscherin. Auch Toshiko sprach, wie ich, nicht fließend Englisch und was nicht mit Worten ausgedrückt werden konnte, wurde einfach umschrieben. So war unsere Verständigung kein Problem. Weiterhin hatte Toshiko es sich zur Aufgabe gemacht, auf jeden Schritt, den wir setzten, zu achten. Sie bewachte uns wie eine Glucke ihre Küken. Die Wege waren gut, und wenn einer von uns beiden seinen Stock über den Pfad hinaushielt, ertönte sofort ein: „No, no, no, Steffi!" und wieder: „Eddie, no, no, no!" Anschließend wurden mein Gefährte oder ich sofort in die Mitte gezogen.

Irgendwann gelangten wir an eine Bushaltestelle oder eine Art Unterstand. Eine kurze Rast wurde eingelegt. Jetzt gab es

eine kleine Lektion in Japanisch. Eddie und ich brachen uns fast die Zunge und konnten es dennoch nicht aussprechen. So begann dieser Tag ziemlich lustig, was für alle eine Wohltat nach der vorangegangenen so schwierigen Etappe bedeutete. Wir zottelten weiter und kamen in einen Wald. Plötzlich rief Toshiko völlig aufgeregt: „Steffi, Eddie, a Bridge, a Bridge!" „Eine Brücke", sagte ich etwas verwundert zu meinem Mann, „davon haben wir doch schon genug überquert." Dieser stimmte mir zu. Sie dagegen drehte sich um, nahm mich an beiden Händen, teilte Eddie mit zu warten und balancierte mit mir über die besagte Brücke. Zunächst glaubte ich an einen Irrtum, was es mit meinem Stock und den Füßen zu ertasten gab. Es handelte sich um ineinander gehauene, abgerundete Felssteine, über die man laufen musste, um den Rio Catasol überqueren zu können. Ich sah Toshiko und mich schon im Wasser landen und rief Eddie jetzt ebenfalls völlig aufgeregt zu: „Vorsicht, bleib stehen, lass dir bloß Zeit!" Dieser aber kündigte an, dass er das schon allein schaffen würde. Kaum waren Toshiko und ich auf der anderen Seite angekommen, hörten wir ihn leichtfüßig über die Felsklamotten schweben. Daraufhin blieb nur noch eins übrig, nämlich eine gebührende Bewunderung zu zeigen. Froh, diese Schwierigkeit gemeistert zu haben, setzten wir unseren Weg fort.
Einige Sonnenstrahlen durchbrachen das Dickicht der Bäume, streiften unsere Gesichter und es versprach ein schöner Tag zu werden. In einer Senke angekommen, stand eine Pilgerin, welche uns mit einem fröhlichen „Hallo" begrüßte. Sie wies uns auf eine Ablage mit Wasser und Beeren hin, berichtete, dass sie aus Holland stammt, ihr Name Hermine ist und ihr Deutsch sehr schlecht sei. Weiterhin fragte unsere Holländerin, ob wir nicht 20 Euro wechseln könnten, denn hier wäre

In der Pfarrkirche „Iglesia de Santiago Apostol"

es Pilgern möglich, sich gegen ein geringes Entgelt zu bedienen. Sie würde leider kein Kleingeld besitzen. Eddie lachte: „Na so etwas, eine Kasse des Vertrauens mitten in der Pampa." Jetzt kramten wir alle in unseren Taschen und konnten helfen. Noch ein Dankeschön von Hermine, das übliche „Buen Camino" und weiter ging es.

Nach einiger Zeit erreichten Toshiko, Eddie und ich den Ort

Eddie, Arne, Toshiko und Hain

Boente, ungefähr sieben Kilometer von Melide entfernt. Kaffeedurst machte sich bemerkbar. Zunächst statteten wir aber der Pfarrkirche „Iglesia de Santiago Apostol" einen Besuch ab, welche dem Apostel Jakobus geweiht ist.
Toshiko trug unsere Namen in das ausliegende Gästebuch ein und stempelte die Pilgerausweise. Nachdem wir einige Zeit in der Kirche verweilt hatten, war Kaffeetrinken angesagt. Eine Bar fand sich nur wenige Meter von der Iglesia entfernt. Eddie und ich luden unsere fürsorgliche Begleiterin ein. Sie wirkte verlegen und bedankte sich mehrfach. Die Decke der Bar schien sich dicht über unseren Köpfen zu befinden und ich wandte mich fragend Toshiko zu. Diese erklärte, dass über uns lauter Mützen und Kappen hingen und so nannten wir unsere Raststätte einfach die „Mützenbar". Während dieser Pause hatten Eddie und ich einiges über unsere so nette

Begleiterin erfahren. Sie war schon 57 Jahre alt, an der Universität in Tokio tätig, wollte einen beruflichen Neuanfang wagen und hatte weder Angehörige noch Familie. Auf uns wirkte sie viel jünger und wir staunten.

Nach einer halben Stunde wurde der Weg fortgesetzt. Er führte durch eine wunderschöne Landschaft, welche uns die kleine, so liebe Japanerin erklärte. Der starke Geruch von Eukalyptusbäumen machte sich bemerkbar und die Sonne brannte gnadenlos. Jetzt mussten wir einen steilen Anstieg bewältigen. Mit Mühe und nach Luft japsend erklommen wir den Berg, liefen noch ein Stück weiter und lehnten uns in dem kleinen Ort an die erstbeste Mauer, um kurz auszuruhen. Rufe wurden laut. Schnaufend und mit eiligen Schritten näherten sich uns Hain und Arne. Wir freuten uns alle über das Wiedersehen. Auch sie legten eine kurze Rast ein und der Beschluss, in die nächste Bar einzukehren, war schnell gefasst. Diese erreichten wir innerhalb weniger Minuten. Andere Pilger erholten sich bereits unter den Sonnenschirmen auf der Terrasse. Wir bestellten Getränke, unsere beiden Nordlichter machten sich mit Toshiko bekannt und die Regenetappe wurde umfangreich ausgewertet. Hain und Arne waren ebenso wie Eddie, Toshiko und ich am Vortag völlig erschöpft in Melide angekommen. Sie hatten den Aufstieg in das Zentrum der Stadt nicht mehr geschafft und kehrten somit in das erste Casa ein, welches sich ihnen bot, um zu übernachten. Die ganze Gruppe witzelte über den für alle doch so aktionsreichen Tag. Nach einer guten Stunde setzten wir, nun zu Fünft, den Weg fort. Arne erklärte uns, wie die immer zahlreicher werdenden Eukalyptusbäume aussahen, pflückte ein paar Blätter, welche wir befühlten und die Eddie, trotz aller Warnungen, einfach in den Mund stopfte. Ich meinte, mich erinnern zu können,

Eddie und die Kakteen

dass diese giftig seien. Er hingegen stellte enttäuscht fest: „Die Dinger schmecken ja nach gar nichts!"
Jetzt wuselten gleich drei Leute um uns herum und Toshiko erkannte schnell ihre Aufgabe. Diese bestand darin, sich ganz Eddie zu widmen und auf ihn zu achten. Immer mit den uns schon bekannten Worten. Worauf der so Umsorgte lachend entgegnete: „Ich bin nun in die Geheimnisse der englischen Sprache eingeweiht und werde nie vergessen, was 'no, no, no Eddie' oder 'Eddie, no good' heißt."
Hain machte uns auf große Kakteen vor einem Haus aufmerksam. Mein lieber Mann stürmte hin und befühlte diese scheinbar sehr intensiv mit beiden Händen. Er jammerte vor Schmerzen. Wir anderen stellten fest, dass er wohl vergessen hatte, dass solche Gewächse durch ihre Stacheln bekannt sind. Auch sein Gehör schien durch den Schmerz in Mitleidenschaft

gezogen worden zu sein, denn hinter ihm stand ein kleiner Hund und kläffte mit ganzer Kraft. Ich bemerkte lachend: „Ach Eddie, wer den Schaden hat, braucht für den Spott nicht zu sorgen."

Wir zogen weiter und gelangten in die gemütliche, kleine Ortschaft Ribadiso. Dort noch einmal kurz verweilt, wurde uns alles erläutert, und schon kämpfte sich unsere kleine Gruppe die letzten 2,5 Kilometer nach Arzúa hinauf. Es war noch immer sehr heiß. Endlich in der Kleinstadt angekommen, mussten wir weiter Bergauf in das Zentrum, um eine Unterkunft ausfindig zu machen. Unterwegs hatte man uns Flyer für zwei Albergues in die Hand gedrückt, die wir nun suchten. Die Hauptstraße der Kleinstadt war sehr breit und zu beiden Seiten von Häuserreihen gesäumt. Endlich rief Hain: „Noch wenige Meter und unser Ziel ist erreicht. Gehen wir über die Straße und fangen auf der rechten Seite bei der Herberge an." Er ging hinein, nannte uns den Preis, beschrieb uns die Räume und schlug vor, auch die nächste in Augenschein zu nehmen. Eddie, Arne und ich warteten derweil draußen im Schatten. Toshiko fehlte.

Diese Pilgerstätte war riesengroß, Doppelstockbett an Doppelstockbett, sehr sauber, aber für uns Blinde ungeeignet, denn wer weiß, zu welchem Pilger wir uns ins Bett gelegt hätten. Der Besitzer trat vor die Tür und wies uns darauf hin, dass er nebenan auch über Doppelbettzimmer verfüge, und dies für einen sehr geringen Aufschlag. Das ließen wir uns nicht zwei Mal sagen. Mein Gefährte und ich fanden einen blindengerechten Fahrstuhl und saubere, kleine und zweckmäßig eingerichtete Zimmer vor. Keine Frage, das war eine schöne Übernachtung. Die obligatorische Wäschefrage wurde gestellt, aber auch das war kein Problem, denn das Albergue verfügte über Waschmaschinen und Trockner. Ich sollte mich nur melden, dann würde man mir helfen.

Wir sprangen unter die Dusche, machten uns „chic", rafften unsere durchgeschwitzten Klamotten und in wenigen Minuten lagen diese in der Maschine.

Im Nebenhaus befand sich eine kleine, gemütliche Bar. Wie immer waren mein Freund und ich nach dem Duschen fit, tranken Kaffee und aßen eine Kleinigkeit. Anschließend mussten Eddie und ich den allabendlichen Pilgerverpflichtungen nachkommen. Wir sprachen unser Tagebuch auf und hörten den Wegverlauf für den kommenden Tag ab, um das Etappenziel festzulegen. Lavacolla sollte es sein, denn so konnten wir am übernächsten Morgen früh aufbrechen, um rechtzeitig zur großen Pilgermesse in Santiago zu sein. Ich schaute nach unserer Wäsche und kehrte in die gemütliche Bar zurück. Hain und Arne saßen schon dort. Wein wurde bestellt und das Pilgermenü auf später vertagt. Hain las, wie schon so oft, den Wegverlauf aus seinem Outdoorbuch vor. Von irgendwelchen Bergen war keine Rede mehr. Die Zeit verging wie im Fluge und Arne erbot sich, mich zu begleiten, um die Wäsche in den Trockner zu befördern und diesen zu bedienen. Eddie und Hain wollten sich derweil um unser Essen kümmern. Meine Begleitung erklärte mir nach getaner Arbeit das Albergue ganz genau. Hier hätten Eddie und ich nie allein unser Nachtlager oder andere Örtlichkeiten finden können. Danach gaben wir uns, ausgiebig in eine lustige Unterhaltung vertieft, unserem Pilgermenü hin, zahlten, holten unsere inzwischen getrockneten Sachen und gingen früh zu Bett. Toshiko begegneten wir an diesem Abend leider nicht mehr.

27 UND ERSTENS KOMMT ES ANDERS, UND ZWEITENS ALS MAN DENKT ...

Frisch und munter erschienen mein Gefährte und ich am Morgen zum Frühstück in der kleinen Bar. Von unseren Bekannten war noch niemand dort. Eine halbe Stunde später holten wir die Rucksäcke aus dem Zimmer, tasteten alle Regale und die Nachtschränke ab, ob nichts vergessen worden war, und fuhren mit dem Lift nach unten. Im Eingangsbereich trafen wir auf Toshiko. Diese hatte uns mitgeteilt, dass in vier Tagen ihr Flieger gehen würde und sie noch eine Weile in Santiago verweilen wollte. Die letzten 39 Kilometer sollten deshalb an dem Tag zurückgelegt werden.
Scheinbar hatte unsere nette Pilgerbekanntschaft es sich anders überlegt, denn wie am Vortag tat sie kund, mit uns gehen zu wollen. Das konnten wir nicht annehmen und schweren Herzens nahmen Eddie und ich Abschied von Toshiko. Ich kämpfte mit den Tränen. Hain und Arne erschienen. Wir plauderten noch ein wenig über unser Etappenziel, Lavacolla, und brachen auf in der Gewissheit, uns wieder über den Weg zu laufen. Auch die beiden wollten an diesem Tag die Nähe Santiagos erreichen.
Eddie und ich marschierten los. Es war noch früh am Tag und wir hatten alle Zeit der Welt. Der Weg war gut zu finden, denn zirka alle 500 Meter stieß man auf die bekannten, fühlbaren Kilometersteine. Nach etlichen Kilometern entschlossen wir uns zu einer Rast. Eine Bar war leider nicht auffindbar. Eddie und ich setzten unsere Rucksäcke ab, parkten diese am Wegesrand, griffen nach den Trinkflaschen und holten

Steffi vor einem Pilgerstein

das Diktiergerät hervor, um es in die Jackentasche zu stecken. Aber was war das? Wo befanden sich nur unsere Kassetten? Diese waren akribisch genau in Punktschrift nummeriert, nur die letzten fehlten. Am Abend hatten wir noch die weitere Streckenführung gehört, also konnten sie nur in Arzúa geblieben sein. Aber wo dort? Hatten wir doch noch am Morgen in jede Ecke des Raumes hineingefühlt! Sie mussten also da sein. Eddie möhlte seinen halben Rucksack aus, ich tat desgleichen. Nur die Kassetten blieben verschwunden. Grübelnd setzten wir nach einer Weile unseren Weg fort. Kaffeedurst machte sich bemerkbar. Die Sonne hatte sich noch nicht gezeigt und so kamen wir gut voran. Eddie und ich entschlossen uns, etwas langsamer zu gehen. Eine andere Pilgerin überholte uns und suchte ebenfalls nach einer Bar. Wir bummelten weiter, strapazierten dabei unsere Kamera, fotografierten den

Wir fotografierten uns selbst

Weg und uns selbst.
Der Camino machte eine Rechtskurve. Jetzt ging es auf einem breiten, schönen Weg weiter. Von vorn näherte sich uns jemand. „Buen Camino". Wir erwiderten den Gruß etwas verwundert. „Ah, ihr seid auch Deutsche, ich gehe den Jakobsweg nun verkehrt herum, was gar nicht so einfach ist", sagte lachend der Fremde. Wir wechselten noch ein paar Worte und zogen weiter. Nach kurzer Zeit wurde die Stille von den Geräuschen fahrender Autos unterbrochen. Die Straße konnte nicht mehr weit sein. Vereinzelte Pilger zogen grüßend an uns vorbei und wir liefen wieder einmal hinterher und hörten, dass sie links abbogen. Ein Pärchen machte uns auf Pilgerkreuze in einem Zaun und auf den großen Santiagostein aufmerksam, welcher gut fühlbare Elemente enthielt.
Zu den Autogeräuschen, die Straße lag jetzt unmittelbar

Santiago de Compostela naht

neben uns, kam Fluglärm hinzu. Wir mussten also unmittelbar in der Nähe Lavacollas sein und sahen uns im Geiste schon vor einer großen Tasse Kaffee sitzen. Eddie und ich beschleunigten unsere Schritte und liefen einen kleinen Waldweg entlang, zunächst immer bergab. Startende Flieger zogen über unsere Köpfe hinweg. Radpilger überholten uns und wir hörten, dass sie schon nach kurzer Zeit ihre Räder schieben mussten, was nur einen sehr steilen Anstieg bedeuten konnte. Oben angekommen, überquerten wir eine kleine Straße und gelangten zu einer Brücke. Ich bekam einen Schreck. Mitten in der Holzbrücke befand sich ein riesiges Loch. Wir tasteten alles gründlich ab und ich, um einige Zentimeter kleiner als Eddie, musste fast hinüber springen.

Nach kurzer Zeit gelangten Eddie und ich endlich in ein Dorf, welches für uns eindeutig das heutige Etappenziel war. Ein Casa mit Bar lag direkt am Weg und so kehrten mein Freund und ich nach einem sehr langen Marsch ein. Die Wirtin wirkte ziemlich unfreundlich. Wir nahmen Platz und konnten es kaum erwarten, die Getränke serviert zu bekommen. Eine vertraute Stimme ertönte. Hermine trat an unseren Tisch und stellte uns ihren Caminofreund vor. Ebenfalls sprach sie die Bedienung an und erkundigte sich, ob das hier Lavacolla sei. „No, San Paio", lautete die Antwort, und dass es bis zu dem von uns begehrten Ort noch knapp zwei Kilometer wären. Wir ruhten uns aus, bestellten noch einmal Kaffee und Cola, ließen unsere Pilgerausweise stempeln und brachen auf. Weiter ging es mit einem steilen Anstieg, um schließlich auf einen breiten Waldweg zu gelangen, der uns direkt nach Lavacolla führte. Jetzt galt es nur noch, ein Quartier für die Nacht zu finden.

Der Ort schien menschenleer. Irgendwo mussten sich doch ein Platz, Läden, Bars, überhaupt das Zentrum befinden. Wir beschlossen, einmal nach links abzubiegen. Nach wenigen Metern kehrten Eddie und ich auf den Weg zurück und gingen weiter geradeaus. Lavacolla zog sich in die Länge. Nach einiger Zeit versuchten mein Gefährte und ich es erneut und bogen ab. Jetzt hatten wir den Eindruck im Kreis zu laufen, kamen aber an einer stark befahrenen Straße heraus. Ich wandte mich Eddie fragend zu: „Sind wir überhaupt noch auf dem Camino? Wir sind hier niemandem begegnet, irgendwie wirkt das alles ziemlich mysteriös auf mich. Willst du hier wirklich übernachten?" Dieser verneinte und mein Partner und ich überquerten die Straße. Unsere bekannten Wegmarkierungen hatten aufgehört, die Kassetten lagen in Arzúa und wir

mussten uns jetzt irgendwie selbst behelfen. Wieder ein steiler Anstieg und nichts als Stille. Mein Mann und ich legten eine kleine Rast ein und warteten. Plötzlich hörten wir Pilger kommen und zogen weiter. Ich fluchte: „Hain sollte sich mal ein vernünftiges Outdoorbuch zulegen, von wegen keine Berge mehr, das wird ja immer schlimmer."
Keuchend und schnaufend erklommen wir die serpentinenartige Steigung und erreichten Vilamaior. In einer auf einer Anhöhe gelegenen Bar ließen wir uns ziemlich kaputt auf die Stühle plumpsen, bestellten Getränke und erhielten den 2. Stempel für diesen Tag. Der Wirt sprach: „Noch 11 Kilometer bis zur Kathedrale, das schaffen Sie heute noch gut."
Eddie meinte: „Na, der traut uns ja etwas zu, die Sonne knallt, wir sind völlig kaputt, die nächste Unterkunft ist also unsere." Ich stimmte ihm zu. In der Bar roch es penetrant nach Fisch und so hielten wir es dort nicht lange aus.
Ein Pilger ging schnellen Schrittes vor uns. Das war unsere Chance, auf dem richtigen Weg zu bleiben. Eddie und ich rannten förmlich hinterher, durchquerten bald ein riesiges Industriegebiet und gelangten in das nächste Dorf. Hermine eilte uns entgegen und fragte: „Wollt ihr mit uns eine Tasse Kaffee trinken? Bis zur Kathedrale ist es nicht mehr weit. Wir sind in San Marco." Eddie und ich verneinten, unterhielten uns noch ein Weilchen mit ihr und setzten unseren Weg fort. Nach einem weiteren Anstieg war plötzlich in der Ferne Autolärm hörbar. Das musste der Monte de Gozo sein, der Berg der Freude. Eddie und ich umarmten uns glücklich. Santiago lag zu unseren Füßen. Den Rest würden wir nun auch noch schaffen. Hand in Hand liefen mein Partner und ich einfach los, Santiago entgegen.
Wir gingen ein Stück in die Stadt hinein und fragten Passanten

nach dem Weg zur Kathedrale. „Arriba, arriba!" lautete die uns inzwischen sehr gut bekannte Antwort. Eddie tastete nach der Uhrzeit. Es war später Nachmittag. So entschlossen wir uns zu einer letzten kurzen Rast.
Plötzlich sprachen uns zwei Herren an und fragten, ob wir auch zur Kathedrale wollten. Sie nahmen uns einfach in ihre Mitte und so marschierten Eddie und ich mit Eskorte in die Altstadt hinauf. Mein Vordermann gab mit seinem Wanderstock den Takt an und rief jede Stufe aus. Beide Männer trugen keine Rucksäcke und so liefen sie leicht und unbeschwert. Wir hingegen hatten Mühe, mit ihnen Schritt zu halten.
Es war ein langer Weg bis ins Zentrum der Stadt. Die Rucksäcke wurden immer schwerer. Endlich erreichten wir die engen Gassen der Altstadt Santiagos.
Plötzlich wurde ich gerufen und jemand nahm mich in die Arme. Es war jene nette Spanierin, die mir auf der Regenetappe so sehr geholfen hatte. Die Wiedersehensfreude war groß und ich erfuhr, dass sie und ihre Freunde am Vortag angekommen waren.
Wir setzten unseren Weg fort, schritten Treppen hinab, durchquerten einen Torbogen und wussten, dass das Ziel erreicht war. Eddie und ich bedankten uns. Um uns herum herrschte ein buntes Treiben. Die Menschen tanzten und lachten. Aus allen Ecken ertönten galicische Klänge. Sprachlos und völlig überwältigt mit Tränen in den Augen standen wir auf dem großen Platz. Mein Mann und ich hatten es tatsächlich geschafft und konnten unser Glück kaum fassen, jetzt vor der Kathedrale in Santiago de Compostela zu stehen. Ein Gefühl tiefer Dankbarkeit und unsagbarer Freude durchströmte uns. Ein großer Traum hatte sich erfüllt.
Nachdem wir uns wieder ein wenig gefasst hatten, bahnten

Eddie und ich uns einen Weg durch die Menschenmassen, um die Pilgerinformation aufzusuchen. Der Brunnen vor einem Eingang der Kathedrale war erreicht. Jemand nahm Eddie bei der Hand und begrüßte uns freundlich: „Hallo, seid ihr gerade angekommen? Kann ich euch helfen?" Unsere Bekanntschaft aus der Bar von Gonzo stand vor uns. Wir trugen unser Anliegen vor. Er gratulierte und führte uns zum Eingang der Pilgerinformation. Erst jetzt bemerkten wir, wie sehr unsere Füße schmerzten und stolperten mit letzter Kraft die alte Holztreppe zur Information hinauf. Eine Dame sprach uns in einem sehr guten Deutsch an. Die erste Frage war: „Wo haben Sie denn Ihre Begleitung?" Wir wunderten uns und teilten mit, dass es keine gäbe. Jetzt kam sie aus dem Staunen nicht mehr heraus. Eddie und ich legten unsere Rucksäcke ab und übergaben der Señora stolz unsere Pilgerausweise. Die nächste Frage Ihrerseits lautete, ob wir schon eine Unterkunft in Santiago hätten oder man uns dabei behilflich sein solle? Freudig nahmen wir das Angebot an. Eine Kollegin setzte sich sofort ans Telefon, erkundigte sich, ob Doppel- oder getrennte Betten, und machte in wenigen Minuten ein Doppelbettzimmer in einem kleinen Hotel in der Nähe der Kathedrale ausfindig. Die andere Mitarbeiterin kontrollierte in der Zeit unsere Pilgerausweise, stellte die heiß begehrte Compostela aus und übersetzte sie uns. Der Raum der Pilgerinformation hatte sich inzwischen gefüllt. Stolz nahmen wir die Rolle mit den Pilgerurkunden in Empfang und wollten gehen.
„Warten Sie, ich bringe Sie ins Hotel", rief die nette Mitarbeiterin uns zu. Unterwegs zur Unterkunft erklärte sie genau den Weg und machte uns auf markante Punkte aufmerksam. Eine angeregte Unterhaltung über den Camino folgte. Sie half Eddie und mir an der Rezeption beim Einchecken und geleitete

Steffi und Eddie erhalten endlich die begehrten Pilgerurkunden

uns auf das Zimmer. Zuvor wurden wir noch über die kleine Pilgermesse für alle Neuankömmlinge am späten Abend informiert. Wieder allein im Raum, ließen wir unsere Rucksäcke in die nächste Ecke fallen und sanken erschöpft aufs Bett. Eddie ertastete die Uhr und wandte sich mir zu: „Steffi, wir haben nicht viel Zeit, wenn wir in die Messe wollen. Komm, lass uns die Schuhe wechseln, etwas essen gehen und dann ist es auch schon soweit." Ich sprang auf: „Warte Eddie, zunächst sollten wir uns zu Hause melden, wenigstens per SMS." Langsam schlenderten wir wieder in Richtung Kathedrale. Eine Frauenstimme rief: „Hallo, wir sind´s, eure Dänen, seid ihr auch heute angekommen? Herzlichen Glückwunsch." Wir wandten uns suchend um. Jemand nahm uns bei der Hand und führte uns an die Tische eines Straßencafés. Unsere Bekannten aus Morgade nahmen uns in Empfang und wir staunten, wie gut plötzlich alle Deutsch sprachen. Eddie und ich erkundigten uns nach ihrem Film und bummelten weiter, bis wieder ein „Hallo" ertönte. Christian und Lutz drückten uns an sich und die Wiedersehensfreude war groß. Wir machten Fotos und betraten eine kleine Bar. Außer einigen Getränken hatten mein Freund und ich den ganzen Tag nichts zu uns genommen. Ein Sandwich mit Käse, Wasser und Kaffee war unser Begehr.

Danach fühlten mein Mann und ich uns gleich besser und wir gingen die Stufen zur Kathedrale hinauf. Eine Frau nahm uns in Empfang und redete unaufhörlich auf Eddie und mich ein. Was wollte sie nur? Wir wurden in die Kathedrale gezerrt, in eine Bank gedrückt und sollten warten. Nach einer Weile kam sie mit einem deutschen Ehepaar im Schlepptau zurück. Die Eheleute boten uns ihre Hilfe und Erklärungen über die Schönheit des Bauwerkes an. Nun ging uns ein Licht auf!

Nach einer Weile mussten alle Menschen, die nicht Pilger waren, die Kathedrale verlassen. Eine sehr feierliche Messe begann. Im Innenhof wurde ein Feuer entzündet und jeder erhielt ein Stück Papier, um es zu verbrennen. Dieses Symbol läutete das Ende der Pilgerschaft ein und setzte ein Zeichen dafür, einen neuen Lebensabschnitt zu beginnen und alles Alte abzulegen.

Eddie wurde ein spanisch sprechender Deutscher zur Seite gestellt, welcher ihn führte und die Rituale erklärte. Um mich kümmerte sich ein Spanier, der Englisch sprach. Wir gingen wieder hinein und die Pilgermesse wurde fortgesetzt. Zum Abschluss stieg die kleine Gruppe in die Grabkammer des Heiligen Jakobus hinab. Mir wurde bedeutet niederzuknien und still meine Wünsche zu äußern. Danach ging der Priester noch einmal gesondert auf Eddie und mich ein. Eine rührende, sehr familiäre Messe neigte sich dem Ende zu. Tief ergriffen traten mein Gefährte und ich ins Freie. Bei einem Glas Rotwein in einer kleinen, ruhigen Bar ließen wir diesen für uns so bewegenden Tag ausklingen.

28 NOCH EINMAL RÜCKBLICKE UND UNSERE SELBSTFINDUNG

Als mein Partner und ich, nach diesem langen, ereignisreichen Tag, endlich in unseren Betten lagen, zogen wir eine kurze Bilanz. Eddie und ich hatten auf diesem Weg zu uns selbst gefunden.
Ich schmiegte mich tief in die weichen Kissen und ließ die letzten Tage mit Mutti noch einmal Revue passieren. Auch dort hatten wir eine Bilanz gezogen und waren zu so manch einer Erkenntnis gelangt: Unser Leben hatte sich zu diesem Zeitpunkt von Grund auf an verändert. Waren wir doch noch einige Wochen zuvor mehrmals in der Woche mit den Kindern und den Hunden am Strand gewesen, hatten Zeitungen und Bücher gelesen, Hörspiele gehört und gemeinsam gespielt oder unsere Kontakte zu Freunden und Bekannten gepflegt, so war davon jetzt nichts mehr wahr. Auch unsere gesellschaftlichen Aktivitäten konnten Eddie und ich nicht mehr ausüben. Wir organisierten unseren Tagesablauf straff, aber oft ließ sich dieser nicht einhalten. Lag unsere Mutter gewaschen, gecremt und gestylt im Bett und ich wollte mich einer anderen Arbeit zuwenden, musste sie wieder auf den Topf. Das hatte Vorrang. Viel Zeit verging auch damit, dass wir Mutti ständig zum Trinken animieren mussten und so den ganzen Tag liefen. Das Essen sollte zubereitet werden, der Einkauf und viele Behördengänge waren zu erledigen und Wäsche hatten wir ebenfalls in rauen Mengen. Die Kinder und die Hunde verlangten außerdem nach ihrem Recht. Hinzu kam unsere Blindheit. So benötigen wir beispielsweise, um vor dem Waschen die Wäsche zu sortieren, wesentlich mehr Zeit, da wir dies mit Hilfe eines Farberkennungsgerätes tun. Auch müssen wir

jegliche Konserven und Produkte beschriften, um Verwechslungen auszuschließen. Macht man dies nicht, kann es zu bösen Überraschungen kommen. So schüttete eine Freundin von uns einmal anstatt Suppengemüse eine Packung „Mini Winnies" in den Eintopf, den sie gerade zubereitete.

Mit der Pflege kamen wir gut zurecht und uns entging nichts, wie uns die Schwestern oft anerkennend bestätigten. Selbst mit der Gabe von Augentropfen kamen wir klar. Wir kannten das von unseren Hunden und waren so schon geübt. Weiterhin haben auch Blinde Kinder, und somit ist Pflege nichts Außergewöhnliches.

Für uns kam zeitraubend hinzu, dass wir uns den Betreueraufgaben stellen mussten. Jeder Beleg wollte gescannt und alle Kontoauszüge sollten erfasst werden.

Eddie und ich beschlossen in dieser Nacht eine erneute Shoppingtour. Bettwäsche und Handtücher reichten nicht mehr aus. Ebenfalls sollten die Familie und die Hunde nicht zu kurz kommen und das Wort „Jakobsweg", was „aussteigen" bedeutet, ging uns nicht mehr aus dem Kopf. Wir dachten aber zunächst an einen Grillabend am Strand. Frau Fass konnte Mutti Gesellschaft leisten und Jens würde sicher mit von der Partie sein.

Dieses Vorhaben setzten wir gleich am nächsten Tag um. Die Sonne schien und es war herrlich warm. Der Bodden war unser Ziel. Dort gab es auch einen Grillplatz. Alles andere hatten wir in Kühltaschen dabei. Es wurde ein wunderschöner Abend. Die Kinder spielten Fußball und badeten mit den Hunden. Bob und Betty tobten anschließend mit uns und ihren Bällen am Strand herum. Bob liebte das Apportieren. Plötzlich kam er nicht zurück. Stattdessen hörten wir ein vertrautes Geräusch. Eddie rief: „Bursche, was frisst du denn schon wieder?". „Muscheln", antwortete Jens lachend. Dieser hatte sich gerade unsere neueste Errungenschaft, faltbare Reisenäpfe für Hunde, angeschaut. Nun wollten wir diese einweihen. Betty trank gierig ihr Wasser daraus. Bob hingegen sah das Teil als Spielzeug an, biss hinein und veranstaltete „Tauziehen" mit Eddie. Alle lachten. Der Hund ließ erst, durch unser Gelächter angestachelt, davon ab, als der Napf in Einzelteile zerlegt vor ihm lag.

Nach dem Essen saßen wir gemeinsam am Wasser, lauschten den leise dahin plätschernden Wellen und genossen die Stille. Am nächsten Morgen sollte der geplante Großeinkauf stattfinden. Unsere Einkaufsliste, die wir aufdiktierten oder in Punktschrift verfassten, war lang. Auch ins Sanitätshaus mussten Eddie und ich, um zwei große Antidekubitusfelle für Mutti zu erstehen. Die Bettschuhe waren nicht optimal und weiteres Aufliegen wollten wir um jeden Preis verhindern. Bis das neue Pflegebett samt entsprechender Matratze in Muttis Zimmer stand, würde wohl noch eine geraume Zeit vergehen. Ebenfalls verlangten die Haare unserer Mutter dringend wieder nach einer Wäsche. Den Pflegedienst hatten wir schon aus finanziellen Gründen reduzieren müssen und so gab es auch keine Haarwäsche mehr. Diese schien nicht zur Körperpflege zu gehören, denn sie wurde extra abgerechnet. Die Schwestern hatten für solche Zwecke ein Kopfwaschbecken, welches wir nun auch erstanden. Es handelte sich um ein aufblasbares Etwas für viel Geld. Unsere Trophäe sollte natürlich gleich eingeweiht werden. Eddie blies und blies, aber das Teil verlangte nach einer Luftpumpe, die wir nicht hatten. Als das Becken zu Dreiviertel mit Luft gefüllt war, quengelte Mutti, dass ich ihr nun endlich die Haare waschen sollte. Wir gaben nach und hatten Mühe, nicht das Zimmer zu fluten. Der Ablauf des Beckens funktionierte unter diesen Umständen nicht und Eddie quälte sich, das Ding aus dem Zimmer zu bekommen ohne alles zu wässern. Mutti hingegen war zufrieden und ließ sich von mir stylen und fönen.

Auch verlangte sie immer mehr nach Unterhaltung. So erstanden wir einen Daisy-Player, der speziell für ältere Menschen gut bedienbar ist. Dabei handelt es sich um einen CD Player inklusive Sprachausgabe, mit welchem Hörbücher oder Zeitschriften abgespielt werden können. Er ermöglicht es, Lesezeichen zu setzen oder in einem Buch zu navigieren. Jetzt konnte sie auch allein Zeitschriften hören, was ihr ausnehmend gut gefiel.

Das Waschen im Bett oder auf der Bettkante sitzend, mochte sie gar nicht mehr. So legten wir unser Minibad mit Badetüchern aus, stellten einen Stuhl hinein und verlegten die Körperpflege dorthin.

Mutti lief inzwischen mit unserer Hilfe mit ihrem Rollator durch die Wohnung und wollte gern nach draußen. Leider musste man, um auf den Balkon zu gelangen, eine für sie unüberwindbare, hohe Schwelle bewältigen. So dachten wir über die Anschaffung eines Rollstuhls nach. Mutti fand das toll, machte sich aber Gedanken darüber, dass andere Leute sie auslachen könnten, wenn sie in so einem Stuhl hocken würde. Eddie und ich hingegen schmunzelten. Es wäre sicher kurios, wenn zwei Blinde einen Rollstuhl schoben. Aber es war nicht unmöglich. Einer konnte schieben, der andere musste mit Hund vorweg und Bordsteine oder Kanten ansagen. So könnte es funktionieren. Kinder- oder Einkaufswagen ziehen wir auch hinter uns her. Nur das ging hier natürlich nicht. Ebenfalls wollte Mutti mehr Gesellschaft. Meine Freundin Bärbel wurde ihr zu einer lieben Unterhalterin. Sie

sprachen über alles Mögliche, am liebsten aber über das Essen, denn Bärbel kocht sehr gut und gern. So hörten wir, dass Mutti sich bei meiner Freundin eine schöne, selbstgemachte Pizza bestellte und sie den Belag besprachen. Ein Pizzaabend wurde also für den darauffolgenden Tag beschlossen. Schön, einmal nicht selbst den Kochlöffel schwingen zu müssen. Bärbel übernahm die Küchenleitung. Eddie und ich fungierten als Helfer.
Das leckere Essen war schnell verputzt, die Köchin schwang den Abwaschlappen und wir räumten auf, was einige Zeit in Anspruch nahm. Schon waren Bärbel und Mutti wieder in ein Gespräch vertieft. Diesmal ging es um Weihnachten. Mutti plante: „Weihnachten muss es Ente geben und dazu Rotkohl." Den Baum hatte sie auch schon in Gedanken geschmückt. Dabei war es draußen brütend heiß und die Weihnachtszeit lag für uns noch in weiter Ferne. Das nächste Thema behandelte ihren Urlaub auf dem Darß, den sie sich inzwischen genau ausmalte.
Wir hörten nur zu und schmunzelten. An Urlaub dachten Eddie und ich derzeit ganz bestimmt nicht. Aber unser Gedanke, auf dem Jakobsweg zu pilgern, nahm immer mehr Gestalt an. Eins stand fest – irgendwann, wenn wir das alles überstanden hatten, würden wir diesen Weg gehen. Nun erst recht!
Eines Morgens mussten wir feststellen, dass Mutti geschwollene Hände und Füße hatte. Wir teilten dass Schwester Sabrina mit. Dr. Freundlichs nächster Besuch stand am übernächsten Tag an.
Am Abend vor seinem Besuch erschien die Schwester mit Wassertabletten, die Mutti ab dem nächsten Morgen nehmen sollte. Ihr ging es soweit gut, so dass wir sie kurz allein lassen konnten, um einen kleinen Einkauf im Supermarkt um

die Ecke zu erledigen. Gleich nach unserer Ankunft zu Hause erschien der Doktor, um Mutti zu untersuchen. Erschrocken stellte ich fest, dass unsere Mutter samt Bett fast davon schwamm. Alles war nass! Eddie rannte nach Wasser, ich zog Mutti zum Waschen aus, damit sie sich ja nichts wegholen sollte, und Dr. Freundlich meinte, dass wir nur noch zweimal täglich eine halbe Tablette geben sollten.

Jetzt hatten wir erst so richtig die Wäscheberge, die Maschine lief ununterbrochen und Mutti jammerte, wie peinlich und unangenehm ihr dies alles sei. Wir liefen hin und her und beteuerten immer wieder, dass sie ja nichts dafür könne, was ihr in dem Moment ziemlich egal war. Fortan hatten Eddie und ich des Öfteren mit diesen Überschwemmungen und Wäschebergen zu kämpfen.

Der 70. Geburtstag meines Vaters rückte näher. Wir riefen wieder einmal bei Frau Fass an, um sie um Hilfe zu bitten. Diese sagte sofort zu und unserer Anwesenheit bei der Geburtstagsfeier stand nichts mehr im Wege.

Der große Tag war schnell herangerückt, Frau Fass erschien und wir zottelten los. Eddie, die Kinder und ich gingen in den Garten, wo die anderen schon am gedeckten Kaffeetisch auf uns warteten. Es war eine lustige, gesellige Runde und der Nachmittag verging viel zu schnell. Ich musste dann erst einmal nach Hause, um mich um Mutti zu kümmern. Als diese versorgt war, klönte ich noch eine Weile bei einer Tasse Kaffee und dem mitgebrachten Kuchen mit beiden Damen. Als ich wieder im Garten ankam, duftete es verlockend. Der Grill war bereits angeheizt und ich wurde erwartet. Bei einem opulenten Essen und einem guten Tropfen Wein erzählten und lachten wir bis in den späten Abend hinein. Es tat uns unheimlich gut, wieder in Gesellschaft zu sein. Aus Rücksichtnahme

meldete sich seit Wochen keiner unserer Freunde und Bekannten bei uns. Es sei denn, Eddie oder ich riefen diese an, und so gerieten wir erneut in die Isolation. Lediglich mit Jens, Bärbel und Frau Fass bestand regelmäßiger Kontakt.
Vergnügt traten wir den Heimweg an. Zu Hause verabschiedete sich Frau Fass wie immer fluchtartig. Wir dagegen machten es uns mit unserer Familie gemütlich. Aus Mutti war ein Nachtmensch geworden und gerade an den Wochenenden schaute sie gern lange mit uns fern. Alte Schlager und Volksmusik zählten zu ihrer Lieblingsunterhaltung. Mutti sang fröhlich mit, Eddie hingegen zog ein Buch oder eine Zeitschrift, natürlich in Braille, vor, denn unser Musikgeschmack geht doch in eine andere Richtung.
Unsere Mutter war sehr stabil und so konnten wir sie auch mal für eine Stunde allein lassen, um Einkäufe und Besorgungen zu machen. Bezüglich der Medikamentengabe durch den Pflegedienst überließen wir Schwester Sabrina einen Schlüssel. Diesen nutzte sie aber nur, wenn wir nicht daheim waren. Das klappte auch recht gut, bis Schwester Sabrina ankündigte, dass sie ein paar freie Tage hätte und eine Vertretung erschien. Am nächsten Morgen klingelte es kurz und im selben Moment hörten wir schon ein: „Guten Morgen, ich bin Schwester Auguste." Eddie und ich waren ein wenig verwundert. Hatten wir nach dem Gassigang die Tür nicht richtig geschlossen? So ging das nun dreimall täglich. Das Wochenende kam und wir konnten ein bisschen länger schlafen. Plötzlich ertönte eine fremde Stimme und schon saßen mein Mann und ich senkrecht im Bett. Es dauerte ein paar Minuten, bis ich endlich begriff, dass es sich um den Pflegedienst handelte, der nun einfach, ohne sich durch Klingeln anzukündigen und abzuwarten bis jemand öffnete, im Raum stand. So ging das

ein ganzes Wochenende und wir waren entsetzt. Hier gab es doch noch vier andere Menschen außer einem Pflegefall. Eddie meinte daraufhin nur sarkastisch: „Irgendwann erwischt man uns noch beim Sex auf dem Küchentisch." Überhaupt wurde wenig Rücksicht auf die anderen im Haushalt lebenden Personen genommen. Die „Pflegetanten" rissen die Badtür einfach auf, obwohl die Waschschüssel sichtbar im Flur stand, ganz egal, ob sich jemand aus der Familie gerade einmal im Bad befand und einem dringenden Bedürfnis nachging. Man hätte ja auch ausnahmsweise mal das Wasser für die Morgentoilette aus der Küche holen können. Für uns gab es absolut keine Privatsphäre mehr. Das Wort Takt spielte für einige Damen anscheinend keine Rolle.

Ebenfalls waren wir mit der Medikamentengabe durch unseren Pflegedienst „Schnell und teuer" sehr unzufrieden. Diese kostete die Krankenkasse viel Geld und wurde nicht gewissenhaft genug ausgeführt. So tropften zwei der Altenpflegerinnen Mutti beide Sorten Augentropfen hintereinander in die Augen – von der damit nicht mehr gegebenen Wirksamkeit hatten sie keine Ahnung – und rechneten diese Gabe teuer ab. Auch wurden Tabletten, deren Verabreichung ebenfalls viel Geld kostete und die nach dem Essen gereicht werden sollten, unserer Mutter einfach auf nüchternen Magen in den Mund geschoben. Dagegen konnten auch Eddies und meine Einwände nichts ausrichten. Die sogenannte Medi-Gabe hätten wir uns ersparen können, denn die Medikamentenpackungen waren in Blindenschrift beschriftet und die Augentropfen konnten wir mit Dymoband kennzeichnen. Wozu gab es eine Packungsbeilage und einen Medikamentenplan des Arztes?

Wir nahmen uns vor, diese Dinge sofort in der folgenden Woche zu klären.

Das Wochenende verging und Mutti freute sich auf Schwester Sabrina und Schwester Andrea, die am folgenden Tag wieder im Dienst sein sollten.

In der Nacht schaute ich wie immer nach Mutti, um sie zuzudecken und ihr eventuell etwas zu trinken zu geben oder um sie auf den Topf zu setzen. Es war alles in Ordnung. Auch hatten wir ja das Babyphon.

Etwa eineinhalb Stunden später ging ich erneut zu Mutti. Ihr Deckbett lag neben ihr und ich deckte sie wie immer zu. Plötzlich durchfuhr mich ein eisiger Schreck. Mutti lag auf dem Rücken und ich hörte keinen Atem. Sie regte sich nicht mehr. Ich tastete nach ihrem Kopf, hielt meine Hand an ihre Lippen. Kein Hauch war zu spüren. Vorsichtig erfühlte ich die Halsschlagader, dann suchte ich das Herz. Ihr Herz hatte einfach aufgehört zu schlagen. Mutti war tot.

29   ABSCHIED

Die Kinder gingen wie gewohnt in die Schule und die beiden Schwestern klingelten kurz darauf. Sie waren genauso fassungslos wie wir, denn Muttis Tod hatte nichts mit ihrer Grunderkrankung zu tun. Ihr Herz hatte aufgehört zu schlagen.
Jetzt mussten Eddie und ich die Formalitäten erledigen.
Ziemlich gefrustet traten Eddie und ich unseren Weg an, um die entsprechenden Formalitäten zu erledigen. Am Nachmittag waren wir wieder zu Hause. Jetzt hieß es auch, endlich Monika zu benachrichtigen.
Der darauffolgende Tag begann mit einem Termin auf dem Friedhof. Es musste eine Grabstelle gefunden werden, die auch ein Blinder leicht aufsuchen kann. Dies war schnell erledigt. Das Pflegebett und die anderen geliehenen Hilfsmittel sollten wieder abgeholt werden und Eddie und ich sortierten Muttis Sachen aus. Es war ein schreckliches Gefühl. In dem Zimmer hing noch ihr Duft.
Wir erledigten alles mechanisch und versuchten, ein wenig zur Ruhe zu kommen. Was war bloß geschehen? Eddie und ich hielten uns in den Armen und verstanden uns plötzlich nicht mehr. Ich packte unsere Sachen, stopfte alles in Taschen und Säcke, rief Jens an und verließ mit den Kindern die Wohnung. Zwei Tage später erschien Eddie nach einem Telefonat zum Kaffee. Es änderte nichts, wir kamen miteinander nicht mehr klar. Ich war wütend auf ihn, vermisste ihn zugleich und fühlte mich unverstanden.
Am Anfang der nächsten Woche klingelte es um die Mittagszeit bei mir und zwei Herren schleppten keuchend irgendetwas

die Treppen hinauf. Sie bauten das vor mir auf. Ich war erschrocken! Was wurde mir denn hier geliefert? Einer der Herren meinte, dass dies mein bestellter Rollstuhl sei. Eddie und ich hatten vierzehn Tage zuvor einen gekauft, aber das hier war die falsche Lieferadresse. Ich versuchte, leider vergeblich, die beiden Männer davon zu überzeugen, den Rollstuhl an Eddies Anschrift zu liefern. Wo sollte ich mit dem Teil hin? Also ging er zurück.

Nun musste ich notgedrungen mit Eddie Kontakt aufnehmen und wir stellten fest, dass es auch noch andere Dinge zu regeln gab. Mein Freund und ich verabredeten uns für den nächsten Vormittag. Nach einer fast schlaflosen Nacht klingelte ich an seiner Tür. Warum war ich nur so aufgeregt? Er öffnete mir, ich trat ein und blieb stehen. Eddie streichelte seinen Hund und forderte mich zaghaft auf: „Komm doch mit in die Küche, einen Kaffee trinken!" Er servierte diesen und wir schwiegen. Mein Herz klopfte, als wenn es zerspringen wollte. Nur nicht wieder alles falsch machen. Eddies Stimme riss mich aus meinen Gedanken: „Hast du schon deine Schilddrüsentabletten genommen? Hier liegen ansonsten noch welche." Ich bejahte seine Frage und wir tranken weiter, jeder seinen Gedanken nachhängend, unseren Kaffee. Plötzlich meinte er schüchtern: „Möchtest du einen Fruchtbonbon, die magst du doch so gern?" Ich musste schmunzeln. Wir begannen zaghaft ein Gespräch. Die Zeit verging, Eddie und ich redeten viel und irgendwann wollte ich aufbrechen. Plötzlich lagen wir uns in den Armen. Wie ich dahin geraten war, konnte ich später nicht mehr sagen. Oh, wie hatten wir uns vermisst. Ewigkeiten später riss uns ein Klingeln auseinander. Eddies Sohn Tom und die Zwillinge standen vor der Tür. Wir nahmen unsere Hunde und gingen in meine Wohnung, so als wäre nichts geschehen. Uns aussprechen konnten Eddie und ich abends, wenn die Kinder schliefen.

Am späten Nachmittag zottelten wir los zum Friedhof, um Blumen zum Grab meiner Mutter zu bringen. Auch stellten mein Partner und ich Überlegungen an, wie wir das künftig mit dem Schleppen von Gießkanne, Harke und was man sonst noch auf dem Friedhof benötigt, regeln sollten. Meine Freundin Bärbel gab uns einen Tipp. Sie hatte uns etwas von einem Baum am Hauptweg erzählt, der von oben bis unten mit einem Wurzelgeflecht bedeckt wäre und an dem lauter Harken hängen sollen. Diese könne man sich nehmen und nach Gebrauch wieder zurückbringen. Wir tauften dieses uns noch unbekannte Gewächs sofort: „Der Harkenbaum".

Also gingen Eddie und ich ganz langsam den Hauptweg des Friedhofs entlang. Wir hielten uns weit rechts und ertasteten mit den Stöcken jeden Baum, um ihn anschließend mit den Händen ausgiebig zu befühlen. Natürlich wurde unsererseits streng darauf geachtet, dass sich keine anderen Menschen in unserer Nähe befanden, damit man uns in diesem Fall ausnahmsweise einmal keine Hilfe anbot. Es waren viele Leute unterwegs, nur konnten wir diese schlecht nach dem Harkenbaum fragen. Man hätte sicher vermutet, dass mit dem Augenlicht auch unser Verstand verloren gegangen war.

Am oberen Ende des Hauptweges fanden wir endlich den bewussten Baum und konnten nun zügigen Schrittes zum Grab meiner Mutter gehen. Eddie und ich stellten die mitgebrachten Blumen in eine Vase und dachten an die Beerdigung. Zwei Tage noch, dann war es soweit. Jetzt wollten wir einen Moment verweilen und gaben den Hunden ein Hörzeichen, damit sie uns einen freien Sitzplatz auf einer Bank anzeigten. Betty stiefelte los, Bob mit Eddie hinterher und in unmittelbarer

Nähe zeigte uns Betty auch eine Bank an. Wir ließen uns nieder und besprachen die nächsten Tage. Es war noch viel zu erledigen.

Am darauffolgenden Tag musste ich zu einer Besprechung nach R. fahren. Auf der Tagesordnung standen Aktionen, die festzulegen waren, gegen die geplante drastische Kürzung unseres Landesblindengeldes in Mecklenburg-Vorpommern. Wie sollte es nur für uns weitergehen, wenn dieses Vorhaben umgesetzt werden würde?

Wir standen auf und wollten nach Hause gehen. Aber was war auf einmal mit den Hunden los? Sie marschierten sehr zielgerichtet und zügig los und zeigten eine Bank nach der anderen auf dem Friedhof an. Es dauerte nicht lange, da hatten wir völlig die Orientierung verloren. Eddie tastete nach seiner Uhr. Geschlagene drei Stunden rannten wir jetzt auf dem Friedhof umher und niemand war zu hören. Eddie und ich versuchten herauszubekommen, wo wir uns befanden, hatten aber keinerlei Anhaltspunkte. Nach einer Weile hörte ich endlich Motorengeräusche, Autos fuhren. Wir mussten also auf dem Hauptweg oder in dessen unmittelbarer Nähe sein. Da sprach uns plötzlich eine Frau an und mein Partner und ich erfuhren, dass sich der Ausgang nur wenige Meter von uns entfernt befand. Ziemlich müde und erschöpft kehrten wir heim.

Eddie und ich ließen die vergangenen Wochen Revue passieren und kamen zu dem Entschluss, dass wir unsere ohnehin schon geplante Auszeit so schnell wie möglich benötigten. Auch mussten mein Mann und ich raus aus der sozialen Kälte in Deutschland und endlich den Lebensfragen nachgehen, sowie neue Prioritäten setzen. Aber nicht nur in den letzten Wochen, sondern in den vergangenen Jahren war eine Menge auf uns niedergeprasselt. Beide mussten wir mit unserer Erblindung fertig werden, hatten aber nie Zeit gefunden, wirklich darüber nachzudenken oder gar diese zu verarbeiten. Stattdessen absolvierten Eddie und ich umfangreiche Rehabilitationsmaßnahmen, mussten um dringend benötigte Hilfsmittel kämpfen und versuchten ständig zu funktionieren und allem gerecht zu werden.

Mein Partner und ich kuschelten uns eng aneinander, wussten beide, wie sehr einer den anderen braucht, öffneten eine Flasche Rotwein und stießen auf unser Vorhaben an. Auch beschlossen wir, ein Buch über alles, was uns bewegte zu schreiben.

Der Tag, an dem Mutti beerdigt werden sollte, war herangekommen. Monika und ihre drei erwachsenen Töchter reisten dazu pünktlich an und wir quartierten sie in Eddies Wohnung ein. Ein trauriger Anlass, um alle wiederzusehen.

Der Vormittag verging schnell, denn wir hatten noch einige Behördengänge zu erledigen. Mein Mann und ich hetzten nach Hause, zogen uns um und gingen anschließend gemeinsam mit Monika und ihren Töchtern zum Friedhof. In der Halle angekommen, setzten wir uns leise. Eddie nahm mich bei der Hand. Monika beschrieb uns den Blumenschmuck. Wir hatten alles in Muttis Sinne organisiert. Die Musik setzte ein und eine wunderbare Rede folgte. Muttis Leben wurde in kurzen, knappen Worten geschildert. Besser und treffender hätte es niemand ausdrücken können. Danach erklang auch schon der Gefangenenchor aus Nabucco und wir folgten Mutti zu ihrer letzten Ruhestätte. Ein feierlicher und bewegender Abschied, in dem es nur einen Wermutstropfen gab – uns war es nicht möglich gewesen, Muttis Wunsch nach einer kirchlichen Bestattung zu erfüllen.

Anschließend suchten wir das Café auf, in dem man auf unsere Bestellung hin schon alles für eine kleine Trauerfeier vorbereitet hatte. Mein Freund und ich berichteten von den letzten Wochen mit Mutti. Monika und Eddie tauschten viele Kindheitserinnerungen aus. So konnte sie sich noch genau erinnern, wie sie im zarten Alter von fünf Jahren ihren Bruder, der im Karussell saß, so lange drehte, bis dieser sich übergab. Natürlich muss ein Mädchen in dem Alter darüber lachen. Auch hatte sie als Kind bei Weihnachts- oder Kindertagsfeiern, wenn die Bonbons geschmissen wurden, nie einsehen können, diese mit ihrem sehbehinderten Bruder zu teilen. Heute konnte er sich seine Bonbons allein kaufen, wie Monika lachend feststellte.
Wir gingen noch einmal gemeinsam an Muttis Grab. Inzwischen war alles arrangiert worden.
Am Abend saßen Eddie und ich dann lange mit Monika und ihren Töchtern zusammen. Zwei Tage später mussten diese leider schon wieder abreisen. Eddie, die Kinder und ich veranstalteten noch einen großen Hausputz und versuchten unser Leben neu einzurichten.
Eine Pflegestufe erhielt Mutti erst Wochen nach ihrem Tod. Die Entscheidung wurde nach Aktenlage gefällt. Es handelte sich um die Stufe 2, von der auch wir ausgegangen waren.
Eddie und ich konnten froh sein, dass wir uns Wochen zuvor dafür entschieden hatten, die Leistungen des Pflegedienstes zurückzuschrauben. Ansonsten wären uns Schulden nicht erspart geblieben.

30 DAS EINGELÖSTE VERSPRECHEN

Wenige Tage später galt es, unser erteiltes Versprechen einzulösen. Ein erneuter Besuch im Pflegeheim stand an. Muttis langjährige Zimmergenossin und Freundin hatte Geburtstag. Eddie und ich waren die einzigen Gäste und was wir dort vorfanden, ging weit über unsere Kräfte. Die alte Dame saß wie immer in ihrem Rollstuhl in dem zugigen Flur neben der Treppe. Niemand nahm von ihr Notiz. Angehörige gab es nicht mehr. Sie war, wie schon so oft, viel zu luftig bekleidet. Geld stand ihr bei all diesen Pflegeheimkosten kaum zur Verfügung, und somit wurde wohl auch wenig für sie angeschafft. Weiterhin hatte man die Dame, wie bereits angekündigt, aus ihrem alten Zimmer, in welchem sie zehn Jahre lang mit Mutti gelebt hatte, verbannt und in ein anderes gesteckt. Ihre neue Zimmergenossin empfand sie alles andere als sympathisch und ihr Leben war jetzt erst recht zu einem Albtraum geworden. Unaufhörlich liefen der alten Frau die Tränen über die Wangen und sie teilte uns mehrfach mit, nur noch sterben zu wollen. Es brach uns fast das Herz, einen Menschen so leiden sehen zu müssen. Sie war völlig am Ende ihrer Kräfte. Mein Freund und ich waren uns einig: Diese Frau würde immer einen Platz in unseren Herzen haben. Sie muss ihren Lebensabend in dieser Einrichtung wie einen Gefängnisaufenthalt erlebt haben, aus dem es kein Entrinnen gab – außer dem Tod.
Das Schicksal dieser Frau steht für das vieler Heimbewohner. Diese Menschen haben keine Stimme mehr in der Gesellschaft, müssen sich durch andere vertreten lassen und oft sehr

willkürliche Einschränkungen ihrer Menschenrechte erleben. Und genau dieses Alten- und Pflegeheim erhielt bei der Qualitätsbewertung in allen Bereichen eine 1,0. Eddie und ich hatten für Mutti einiges an Bekleidung und auch Nachtwäsche gekauft. Etliches davon war noch ungetragen. Das überreichten wir der alten Dame und verabschiedeten uns nach einer guten halben Stunde. Mein Partner und ich fühlten uns hilflos und wussten, dass wir nicht noch einmal die Kraft für einen weiteren Besuch aufbringen würden. Wie konnte ein alter Mensch nur allem so schutzlos ausgeliefert werden? Auch dieser hatte Wünsche, Bedürfnisse und vor allem Rechte! Mein Freund und ich weinten und litten ganz furchtbar. Sollten wir beten, dass Gott Muttis Freundin schnell zu sich nahm?

Nach all dem Erlebten herrschte in unseren beiden Köpfen Klarheit über die Wichtigkeit der Patientenverfügung und wie diese ausfallen würde. Ebenfalls hatten wir ausreichend Erfahrungen damit gesammelt, was es bedeutete, in diesem Land mit einer Behinderung wie der Blindheit leben zu müssen. Eines blieb fortan unser ständiger Begleiter, nämlich die Angst, älter zu werden oder durch weitere Einschränkungen noch mehr in die Abhängigkeit anderer Menschen zu geraten. Ob wir je lernen würden damit umzugehen, bezweifelten Eddie und ich stark.

Auch uns sind Personalmängel, Pflegeschlüssel und die niedrigen Löhne nicht entgangen, aber trotzdem schlägt unser Herz für die Betroffenen in den Heimen. Sie sind nicht nur sechs oder acht Stunden in dieser Einrichtung und können dann nach Hause zu ihren Familien gehen. Diese Menschen sind abgestellt, allem völlig hilflos ausgeliefert und müssen bis zu ihrem Tod bleiben! Bei allem Verständnis für die hohen und vielfältigen Belastungen des Pflegepersonals in den Heimen, muss von der Gesellschaft garantiert werden, dass alte und schwerkranke Menschen ein würdiges Leben bis ans Ende ihrer Tage führen können! Dabei ist eine möglichst optimale Selbstbestimmung zu gewährleisten. Auch diese Menschen benötigen im Rahmen ihrer Möglichkeiten einen Bewegungs-, Handlungs-, Gestaltungs- und Entscheidungsfreiraum und keine verdeckten Gewaltformen. In einem modernen und industriell so hoch entwickelten Land wie Deutschland darf das nicht von Kosten abhängig gemacht werden!

31 SANTIAGO DE COMPOSTELA

Um 8.00 Uhr klingelte der Wecker unseres Handys. Wir lagen still im Bett. Jeder hing seinen Gedanken nach. Eine unvorstellbare innere Ruhe hatte von uns Besitz ergriffen. Mein Partner und ich waren tatsächlich den Jakobsweg gegangen. Schließlich standen wir auf, ganz erstaunt, dass alle Schmerzen und Strapazen des vergangenen Tages wie weggeblasen waren. Nach einer ausgiebigen Dusche fuhr ich hinunter zur Rezeption, um nach einer Bar zu fragen. Der Hotelangestellte lachte, nahm mich an die Hand und zeigte mir den Frühstücksraum, welcher sich im Souterrain befand. Ich holte Eddie und schon auf der Treppe stieg uns der Duft von frischen Croissants und Kaffee in die Nase. Ein junger, sehr höflicher Mitarbeiter kümmerte sich rührend um uns. Er entschuldigte sich für sein nicht ganz perfektes Englisch und berichtete, dass er aus Peru stamme. Ich lachte, denn gerade mein Englisch war nun wirklich alles andere als perfekt.
Nach dem Frühstück spazierten wir in die Altstadt zur Kathedrale. Auf dem Weg dorthin trafen wir viele Pilger wieder, denen Eddie und ich unterwegs begegnet waren. Wir wurden auch von Menschen angesprochen, an die wir uns auf Anhieb nicht erinnerten. Man umarmte uns freudig und sehr herzlich und mein Gefährte und ich erfuhren, dass viele Leute auf so manch einer Wegstrecke, einem Abschnitt oder einer Brücke an uns gedacht hatten, wie und ob wir unseren Weg meistern würden. Es war unvorstellbar, wie viele Menschen uns kannten und mit Namen ansprachen. Sichtlich gerührt betraten wir ein kleines Café.
Überpünktlich gegen 11.00 Uhr gingen Eddie und ich zurück in die Kathedrale, um an der großen Pilgermesse teilzunehmen.

Vor der Kathedrale in Santiago de Compostela

Viele Plätze waren schon besetzt und der Strom der Menschen nahm kein Ende. Selbst Stehplätze wurden rar. Wir waren von lauter Bekannten umringt und unterhielten uns angeregt mit ihnen. Ein Herr sprach uns an, stellte sich Eddie und mir als Ernie vor und bat uns, nach der Messe vor der Kathedrale auf ihn zu warten. Weiterhin teilte er mit, dass er uns am

Vortag in der Pilgerinformation gesehen hätte. Pünktlich um 12.00 Uhr begann die Zeremonie mit dem wunderschönen Gesang einer Nonne. Was war das für ein unbeschreibliches Gefühl, nun selbst in der Kathedrale in Santiago de Compostela zu sitzen und dieser Messe beiwohnen zu dürfen! Wir waren jetzt Teil der großen Gemeinschaft und gehörten dazu. Als Eddie und ich nach der Messe wieder ins Freie traten, umflutete uns Sonnenlicht. Es dauerte nicht lange und Ernie erschien. Er stellte uns seine „Ladys" vor, mit denen er den Camino Portugues gepilgert war. Es handelte sich um Ernies Lebensgefährtin, seine 66-jährige Frau Mama und deren 72-jährige Nachbarin. Zwei der Damen humpelten stark. Ernie war neugierig und wollte uns kennenlernen. Eddie und ich bummelten gemeinsam mit unserem neuen Bekannten durch die Gassen der Altstadt, berichteten, dass wir uns um unseren Rückflug kümmern müssten und noch einige Tage in Finesterre verbringen wollten. „Oh", rief er, „auch meine drei Damen und ich fahren morgen früh dorthin. Klasse, man trifft sich also am Atlantik wieder." Im selben Moment zog Ernie eine Visitenkarte aus der Tasche und übergab sie mir mit den Worten: „Hier sind Adresse und Telefonnummer einer netten, kleinen Pension in Finesterre. Am besten, ich begleite euch ins Hotel und wir reservieren telefonisch ein Zweibettzimmer in Finesterre." Gesagt, getan! Ernie war den Camino Francés auch schon gegangen, kannte sich in Santiago sowie in Finesterre gut aus und entpuppte sich als ein lieber, netter und vor allem sehr hilfsbereiter Kerl. Eine Wegbeschreibung zu unserer Unterkunft am Atlantik bekamen wir ebenfalls, und dann verfrachtete er uns auch schon in ein Taxi, welches uns zum Flughafen bringen sollte. Ernie hatte dem Fahrer vorher noch viele Instruktionen gegeben. Mein Freund und ich mussten

Bummel durch die Altstadt

schmunzeln. Was sollte da noch schiefgehen? Der Taxifahrer erzählte uns während der Fahrt viel Wissenswertes über Santiago. Am Flughafen angekommen, begleitete er uns in das Gebäude und stellte Eddie und mich genau am Schalter ab. Unsere Tickets sowie den Mobilitätsservice für den Flughafen Palma de Mallorca hatte ich schnell organisiert, und so fuhren wir zurück zur Kathedrale.

In der Nähe dieser ließen Eddie und ich uns in einem Straßencafé nieder in der Hoffnung, Hain, Arne und Toshiko doch noch wiederzusehen. Unsere Hoffnung erfüllte sich leider nicht. Dies stimmte uns ein wenig traurig. So zogen wir zurück ins Hotel, um ein wenig Ordnung in unsere Rucksäcke zu bringen und das Tagebuch vom Tag zuvor aufzusprechen. Ich bekam einen Schreck, denn auch ein Teil unserer Tagebuchaufzeichnungen war uns abhanden gekommen. Also, wenn wir etwas machten, dann gründlich!

Eddie verspürte Hunger. War es auch am Nachmittag etwas ruhiger in den engen Gassen der Altstadt Santiagos gewesen, tummelten sich umso mehr Menschen am Abend dort. Wir stürzten uns ins Gewühl, fanden schnell ein schönes Restaurant und ließen uns draußen nieder, um die milde Abendluft zu genießen. Die Bedienung erschien, ich orderte Wein und Kaffee und fragte nach etwas Essbarem. Die junge Frau nahm mich kurzentschlossen an die Hand, zog mich mit sich ins Restaurant hinein und las mir die Speisekarte vor, welche kein Ende nehmen wollte. Ich verstand von all dem nichts. Irgendwann dann endlich ein vertrautes Wort: „Croquetas!" Und genau das wollte ich haben, gleich zwei Mal. Kaum wieder am Tisch angekommen, fragte mich Eddie: „Na Steffi, was hast du uns Schönes bestellt?" Ich antwortete: „Ein Überraschungsmenü, auf jeden Fall etwas mit Kroketten. Was es dazu gibt, bleibt geheim." Kaffee und Wein kamen und wir machten es uns gemütlich. Nach einer halben Stunde meinte Eddie: „Ich habe Hunger, wie lange mag das hier wohl noch dauern?" Plötzlich erschien die Bedienung an unserem Tisch, wir hörten, wie ein Teller hingeknallt wurde und im selben Moment waren Eddie und ich auch wieder allein. Wir stellten übereinstimmend fest, dass es nur einmal geknallt hatte. Ich aber hatte zwei Essen bestellt und ein Teller mit Besteck hätte ebenfalls ein Geräusch verursacht. Also warteten wir noch ein wenig, nichts geschah. Jetzt tastete ich nach dem Teller. Er enthielt ganze acht Kroketten und zwei Salatblätter, Besteck gab es nicht. Ich sagte: „Komm, wir nehmen die Finger, sonst wird alles kalt!" Es schmeckte scheußlich. Der Hunger war uns gründlich vergangen und Eddie witzelte: „Weißt du was, die denkt bestimmt: Lass doch die doofen Blinden mit den Fingern essen!" Und weiter drohte er mir an: „Na warte, ich werde mich in den nächsten Tagen revanchieren!" Lachend zahlte Eddie und anschließend bummelten wir in unser Hotel zurück. Dort rekonstruierten mein Freund und ich die letzten Tage und ich sprach unsere Tagebuchaufzeichnungen erneut auf. Nach zwei Stunden war der Mund trocken und Eddie und ich stürzten hinunter an die Rezeption. Der freundliche Herr holte uns zwei Büchsen Cola aus dem Automaten, die wir gleich hinunterkippten. Mein Partner und ich zogen wieder los auf unser Zimmer, legten uns in das bequeme Bett und dachten vor dem Einschlafen voller Vorfreude an die Stille am Atlantik.

32 ERKENNTNISSE UND ERINNERUNGEN

Jetzt war es soweit! Die letzte Etappe unserer Pilgerreise lag vor uns. Nach einem Tag in Santiago sehnten wir uns nach der Ruhe Finesterres. Der Jakobsweg hatte uns weitergebracht. Menschen, denen wir auf unserem Weg begegnet waren, würden uns unvergessen bleiben. Eddie und ich hatten sehr wichtige Erfahrungen gemacht. Zum einen, dass sich für alle anstehenden Probleme immer Lösungen aufzeigten. Zum anderen hatten wir viel Stärke, Selbstbewusstsein und inneren Frieden gewonnen.

Glaubten wir anfangs, an der erforderlichen Konzentration, die ein Blinder aufbringen muss, zu zerbrechen, fiel es uns mit jedem Tag leichter, diesen für uns völlig neuen Alltag zu meistern. Denn jeder Schritt, den wir auf dem Jakobsweg machten, war ein Schritt ins Unbekannte. Alles, was Eddie und ich einst in unserem Orientierungs- und Mobilitätstraining lernten, musste angewendet werden. Wie oft hatte ich in diesen Wochen Jonnys Stimme im Ohr gehabt, als wäre mein Training erst gestern gewesen. Ich war erstaunt, wie sehr sich das so mühsam Erlernte in den letzten Jahren gefestigt hatte. Vieles im Bereich der Mobilität haben wir auch unseren Hunden zu verdanken. Umso unverständlicher waren uns die drastischen Kürzungen in diesem für jeden Menschen so wichtigen Bereich. Schließlich stellte man einem Rollstuhlfahrer doch auch nicht nur einen halben Rollstuhl hin. Mit solchen unlogischen Sparmaßnahmen brachte man Behinderte noch mehr in Abhängigkeit, kürzte dazu noch größtenteils bundesweit Blindengelder und dachte ebenfalls scheinbar nicht daran, dass fehlende Mobilität auch mehr gesundheitliche Probleme mit sich bringen kann. Der Verlust des Augenlichtes ist ein tiefer Einschnitt im Leben eines Menschen und bringt ungeahnte Veränderungen für die Betroffenen und deren Angehörige mit sich. Ich erinnerte mich an die ersten Monate nach meiner Erblindung und wieder stieg Zorn in mir hoch, wenn ich an diese einfach unzumutbaren Kürzungen dachte. Haben Menschen die darüber Entscheidungen fällen überhaupt ausreichend Wissen über diese Behinderungen und den völlig anderen Lebensumständen Betroffener oder wird nur an die anfallenden Kosten gedacht?

Alles, was bis dato selbstverständlich in meinem Leben gewesen war, brach weg. Und nicht nur das, denn plötzlich schien ich ein anderer Mensch zu sein und in einer anderen Welt zu leben. Sogenannte Freunde machten sich rar oder brachen den Kontakt ab, was mir sehr weh tat. Diese waren schlichtweg überfordert mit der Situation und hatten, wie mir aber erst später bewusst wurde, Berührungsängste. Man parkte mich aus Zeitgründen im Supermarkt in einer Ecke, wenn ich denn mal ausgeführt wurde. Alle wussten, was jetzt gut für mich war. Nur ich scheinbar nicht. Meine Blindheit bedeutete die völlige Abhängigkeit von anderen Menschen. Ich hatte mich einzig und allein ihnen unterzuordnen. Selten machte sich auch nur jemand die Mühe oder nahm sich die Zeit, nach meinen Bedürfnissen zu fragen, wie ich mich fühlte oder nun mit dieser neuen und so veränderten Lebenssituation fertig würde.

Meine Lebensansprüche hatten sich auf ein Minimum reduziert. Einfach einmal ein Spaziergang, aus der Zeitung vorgelesen zu bekommen oder dass jemand für mich Bücher aus dem Katalog der Blindenhörbücherei heraussuchte – Zeit dafür konnte kaum jemand aufbringen. Ich war zum „Klotz am

Bein" geworden und bekam dies deutlich zu spüren. Nicht einmal der Abwasch wollte mir gelingen, und die Reaktion meiner Umwelt lautete: „Setz dich einfach irgendwo hin! Und steh nicht im Weg! Am Geschirr klebt ja noch der ganze Schmutz."

Am Boden zerstört, hatte ich das Wort „Selbstbewusstsein" aus meinem Wortschatz gestrichen und übte mich fortan darin, heimlich den Schmutz am Geschirr zu erfühlen. Mein Tastsinn war alles andere als entwickelt und es dauerte eine Weile, bis das klappte. Dabei ging manches Geschirr zu Bruch. Mit dem Verlust des Augenlichtes war ich zu einem plumpen, hilflosen Trottel mutiert. Es war mir nicht einmal mehr möglich, die Waschmaschine zu bedienen, die Wäsche zu sortieren, allein einen Arzt oder Friseur aufzusuchen oder um den Häuserblock zu gehen. Konserven, Haarwäsche, Duschbad oder andere Mittel und Dinge auseinanderzuhalten, wollte mir nicht gelingen. Ich war in der Wohnung gefangen und musste wegen jeder Kleinigkeit fragen und somit irgendwen beschäftigen. Nach außen hin gab ich mich stark, schließlich sollten die Kinder nichts merken, und nachts, wenn alle schliefen, weinte ich heimlich.

Sechs Monate nach dem Verlust meines Augenlichtes war es endlich soweit. Ich bekam die ersten Hilfsmittel in Form eines Farberkennungsgerätes und meinen Screenreader Jaws, die Sprachausgabe für den Computer. Zwei Tage vor Weihnachten stand der Herr der Hilfsmittelfirma vor der Tür, bat meinen Mann und mich Platz zu nehmen und die Einweisung sollte beginnen. Was aber tat Alf? Ziemlich genervt raunzte er: „Ich muss dies nicht können, das interessiert mich nicht, schließlich soll meine Frau mit dem umgerüsteten Computer klarkommen!" Meiner Freude tat das in diesem Moment keinen Abbruch, ich verspürte lediglich einen feinen Stich in der Herzgegend. Schließlich hatten viele Dinge in den vergangenen Monaten allein auf seinen Schultern gelastet und ihn auch belastet. Endlich gab es auch für mich wieder Informationen. Ich konnte hören, was um mich herum und in der Welt passierte, denn Zeitungen gibt es auch online und manche sogar barrierefrei. Es war mir jetzt möglich, mich über Blindenhilfsmittel zu informieren oder in den Blindenbüchereien zu surfen, meine Post zu scannen und zu hören. Fortan weinte ich nicht mehr halbe Nächte lang, sondern hockte mit Kopfhörern versehen an meinem blechernen Gefährten und saugte gierig alle möglichen Informationen in mich auf. Ebenfalls war eine Kommunikation mit anderen Menschen wieder möglich, durch das mailen. Was für ein großes Stück Freiheit, ich konnte mein Glück kaum fassen.

Auch das Farberkennungsgerät gab mir einen Teil meiner verlorenen Selbstständigkeit zurück. Wäsche konnte sortiert, Kleidung auseinandergehalten und Flüssigkeiten konnten anhand der Deckel unterschieden werden. Es war mir jetzt möglich, endlich wieder Farben zu „sehen".

Zwei Wochen später, an einem kalten Tag im Januar, stand der von mir sehnsüchtig erwartete Mobilitätslehrer Jonny vor der Tür. Er ist zum wichtigsten Mann in meinem Leben geworden.

Doch gab es einen Wermutstropfen. Mit dem mir genehmigten Training hätte ich eine Mobilität um den Häuserblock erreicht. Man hatte kräftig an der beantragten Stundenzahl gekürzt. Ich stand unter Druck, alles musste sofort klappen. Ich geriet somit schnell an meine Grenzen. Wieder füllte ich nachts ganze Meere mit Tränen. Auch hatte ich zusätzlich als „Morbus Basedow-Patient" mit der unzureichenden Konzentration mehr als andere zu kämpfen. Jonny versuchte, mich zu beruhigen und die Krankenkasse verwies mich für die restlichen Stunden dieser Schulung an ein anderes Amt. Diese Mitarbeiter behandelten mein Training, als ob ich Luxus wollte und nicht eine Rehabilitation. Ich hätte also, um wieder mobil zu werden, mehrere Tausend Euro, obwohl ich arm im Sinne des Gesetzes war, selbst zahlen müssen. Das setzte mich noch mehr unter Druck, zog mir in dem Moment völlig den Boden unter den Füßen weg und irgendwann war meine Stundenzahl verbraucht. Eine unfreiwillige Pause entstand. Klage beim Sozialgericht einreichen konnte ich nicht, denn dies hätte viel zu lange gedauert. Ich vereinbarte telefonisch einen Termin mit dem Büro eines Herrn, welcher politisch engagiert war, und konnte bald bei ihm vorsprechen. Immerhin gewährte man mir durch seine Hilfe ein paar zusätzliche Stunden. Nicht viel, aber etwas. Der Druck, der auf mir lastete, blieb und wurde immer stärker mit jeder Stunde, die hinter mir lag. Ständig hatte ich im Kopf, diese und jene Komplexe müssten noch absolviert werden und so und so viele Stunden Mobilitätstraining sind es nur noch. Denn ich wollte und musste mich selbstständig fortbewegen können, Bus und Zug fahren, Straßenüberquerungen bewältigen, mir Umweltmuster erarbeiten, einkaufen gehen, mit meinen Kindern unabhängig etwas unternehmen und vieles andere mehr. Diese, für einen gesunden Menschen selbstverständlichen Dinge, müssen mühsam Stück für Stück neu erarbeitet und erlernt werden und niemand hat das Recht, aus Kostengründen Betroffenen das zu verwähren. Auch sollte Zeit übrig sein, um das Erlernte zu festigen. Wer da kürzt weiß sicher nicht, wie es einem Menschen ergeht, der so unfreiwillig in der eigenen Wohnung gefangen ist, bis dato ein selbstbestimmtes Leben geführt hat und für minderjährige

Der wichtigste Mann in Steffis Leben – ihr Mobilitätstrainer

Kinder sorgeberechtigt ist. Weiterhin gibt es in den deutschen Gesetzen solche Aussagen wie „das Recht auf ein selbstbestimmtes Leben" oder „Teilhabe am Leben in der Gemeinschaft", und „niemand sollte wegen seiner Behinderung benachteiligt sein". Das sind schön klingende Worte, nur die Praxis ist oft das Gegenteil. Ebenso wird dabei nicht bedacht, dass ein frisch erblindeter Mensch sehr verletzlich ist und Zeit benötigt, mit der völlig neuen Lebenssituation fertig zu werden. Ich hatte in den ersten Monaten nach meiner Erblindung oft das Gefühl, kein Mensch mehr zu sein sondern eine Maschine, die man anschaltet und die trotz allem zu funktionieren hat. Egal um welchen Preis.

Nach weiteren acht Monaten, die nur von dem einen Gedanken und einer Bitte „Steffi, du musst! Und lieber Gott – hilf mir das alles zu schaffen!" beseelt waren, rückte ein weiterer, für mein Leben wichtiger und entscheidender Termin näher.

Es handelte sich um die Einweisung mit meiner Führhündin Betty, welche ich schon einige Monate zuvor kennengelernt und in regelmäßigen Abständen gesehen hatte. Als mein Trainer Raimon mit ihr in der Tür stand, um sie mir vorzustellen, wusste ich sofort, dass wir zueinander passen. Allerdings war es für mich noch ein wenig schwer vorstellbar, sich einem Tier anzuvertrauen. Die Kinder freuten sich auf die neue Mitbewohnerin und aufgeregt reiste ich an den Ort meiner Führhundschule, um die ersten Tage meiner Einschulung mit Betty ganz in Ruhe in Lübz zu verbringen. Dort war sie ausgebildet worden. Schon in den ersten Tagen der Einweisung merkte ich, um wie viel einfacher das Laufen mit meiner Führhündin war. Ich konnte viel entspannter gehen und sie nahm mir so einiges an Arbeit ab.

Seit nunmehr sechs Jahren führt sie mich durch das Leben und ich habe eine wunderbare, großartige Partnerin an meiner Seite. Tiefe Dankbarkeit und Liebe durchströmen mich bei jedem Gedanken an sie.

Es war nicht alles so glatt gelaufen und ich hatte bei Weitem nicht alles problemlos bekommen. Oft hatte und habe ich das Gefühl zum betteln verurteilt zu sein, wenn dringend benötigte Dinge abgelehnt werden und erst der Widerspruchs- oder gar der Klageweg beschritten werden müssen.

Auffällig war und ist auch das fehlende Hintergrundwissen vieler zuständiger Leute an verantwortlichen Stellen. Dort bedarf es dringend Veränderungen.

Dank meines umgerüsteten Computers hatte ich mir sofort nach meiner Einweisung mit meiner Mausi, so wird meine Hündin liebevoll genannt, Lehrbücher zum erlernen der Blindenschrift herausgesucht und gekauft. Das Lesen und das Schreiben gehören schließlich zu den Grundbedürfnissen

Blindengerecht ausgestatteter Computerarbeitsplatz mit Braillezeile, ein Ausgabegerät für Blinde, welches Zeichen in Brailleschrift darstellt

eines jeden Menschen. An den langen Winterabenden, wenn die Kinder schliefen, hockte ich vor meinen dicken Büchern. Das Punktschriftalphabet war recht schnell gelernt, aber das Lesen gestaltete sich schwierig. Meine Finger schienen die feinen Pünktchen einfach nicht ertasten zu wollen. Auch wusste ich zu diesem Zeitpunkt noch nicht, dass ich unter einer Polyneuropathie litt. In Ermangelung einer Punktschriftbogenmaschine schrieb ich alles mit der Tafel und dem Griffel auf und ertrug aufgrund meiner Myopathie viele Schmerzen. Ich übte jeden Tag ganz verbissen und oft bis tief in die Nacht hinein, aber am Ende eines jeden Satzes wusste ich nicht mehr, wie der Anfang lautete. Wörter ergaben einfach keinen Sinn, da sie sich nicht erfühlen ließen. Verzweiflung machte

sich breit und der Gedanke ans Aufgeben stellte sich ein. Ich machte mir wieder selbst Mut und redete mir ein, dass ich es schaffen würde. So richtig daran geglaubt habe ich allerdings nach einem Vierteljahr selbst nicht mehr. Der Sommer kam und auf einmal ergaben die Punkte unter meinen Fingern einen Sinn. Ich las wie ein Kind, welches das Lesen gerade erlernt hatte, und war unwahrscheinlich stolz auf mein Gestammel. Nach einigen weiteren Wochen konnte ich wieder fließend lesen. Meine Krankenkasse stellte mir eine Braillezeile zur Verfügung, welche eine weitere Erleichterung in mein Leben brachte. Das Erfassen von Zahlen und Tabellen war nun vernünftig möglich, Bücher und Texte konnten wieder am PC gelesen oder Mails und Schreiben korrigiert werden. Ebenso kommt das Lesen mit den Fingern dem des Sehenden natürlich am nächsten. Ich kann mir das auch viel besser merken als das Gehörte. Ebenfalls hilft die Blindenschrift mir im Haushalt, um wichtige Dinge zu beschriften. Ein weiterer Schritt zurück ins Leben war getan.
Für alles Mögliche stehen ein Training oder ein Hilfsmittel zur Verfügung, aber leider oft kein Geldgeber. Spanien und andere Länder zeigen, dass dies auch anders geht, allein in der vorhandenen Barrierefreiheit.
In den USA gibt es einen blinden Mobilitätslehrer, den man auch Batman nennt. Er bewegt sich gewandt wie ein Sehender durch jede Stadt, absolviert Bergwanderungen und fährt sogar Mountainbike. Seine Methode ist die Lokalisierung durch Echo. Ich finde es toll, dass Daniel Kish anderen Blinden dasselbe Maß an Mobilität und Selbstständigkeit vermittelt, welches er sich im Laufe der Jahre erarbeitet hat. Mein größter Wunsch wäre es, bei ihm Unterricht nehmen zu dürfen.
Eine Frage stelle ich mir immer wieder: Passen Kürzungen zu

einem selbstbestimmten Leben? Nach all dem Erlebten durften Eddie und ich nun Teil der großen Pilgergemeinschaft sein. Auch aus ihr hatten wir neue Kraft schöpfen können. Der Jakobsweg war eine wichtige Reise zu uns selbst geworden und hatte uns Gott ganz nahe gebracht. Wir durften ihn erleben. Für uns stand fest, dass wir nach unserer Rückkehr den Pfarrer unserer St. Mariengemeinde aufsuchen würden, um uns taufen zu lassen.

33   FINESTERRE

In Gedanken versunken brachen Eddie und ich nach dem Frühstück auf zu dem nächsten Taxistand. Nur Taxen waren nicht da, und so eilten wir zurück an die Rezeption unseres Hotels. Die nette Angestellte lächelte und meinte, dass dies alles kein Problem sei. Sie griff zum Telefon und nach fünf Minuten stand das so begehrte Fahrzeug vor der Tür. In einer halben Stunde würde unser Bus nach Finesterre abfahren. Wir bogen in eine andere Straße ein und landeten prompt im Stau. Die Straßen Santiagos waren völlig verstopft. Eddie und ich tasteten immer wieder aufgeregt die Ziffernblätter unserer Uhren ab und zappelten nervös in unseren Sitzen umher. Der Fahrer versuchte uns zu beruhigen. Endlich waren wir am Ziel.

Mein Freund und ich gingen in das Gebäude des Busbahnhofes hinein und fanden schnell die Billettschalter. Nach einigen Minuten sogar den richtigen, und wir erschienen mit unseren erworbenen Tickets wieder auf dem Vorplatz. Ich sprach eine Dame an und zeigte ihr die Fahrkarten. Der nur zu gut bekannte spanische Redeschwall brach über meinen Mann und mich herein. Ziemlich ratlos standen wir da, bis uns die Frau einfach an die Hand nahm und dann hieß es rennen. Wir durchliefen die große Halle des Busbahnhofes, verließen diese, fuhren per Rolltreppe in die Tiefe und gelangten zu den Bahnsteigen. Die Señora übergab uns, dabei unaufhörlich redend, in die Hände eines Herrn und bedeutete Eddie und mir, auf einer Bank Platz zu nehmen. Ich hörte in die Umgebung und erinnerte mich an den Busbahnhof in Pamplona, nur waren mein Gefährte und ich nicht mehr so hilflos. Ein Bus lief direkt vor uns ein. Wir standen auf und zeigten dem Fahrer

Die Bucht von Finesterre

unsere Tickets. Dieser half uns, die Rucksäcke in der äußeren Gepäckluke zu verstauen und bedeutete Eddie und mir einzusteigen. Nach dreistündiger Fahrt hielt der Bus am Hafen von Finesterre.
Wir schulterten unser Gepäck, überquerten den kleinen Platz und standen auch schon in der engen Gasse, die zu unserem Domizil führte. Eine Pilgerin begrüßte uns: „Hallo, ihr beiden, habt ihr schon eine Unterkunft?" Dies wurde unsererseits bejaht und so gingen wir zunächst zu Dritt einen Kaffee trinken. Die Dame berichtete von ihrem jetzt zweiten Camino und erzählte von einer wunderschönen, ruhigen, etwas außerhalb gelegenen Bucht Finesterres. Unsere Neugier war sofort geweckt. Unsere neue Bekanntschaft beschloss, ebenfalls in der Pension nach einem freien Bett zu fragen. Die Wirtsleute waren schon etwas in die Jahre gekommen und überaus herzlich. Eddie und ich nahmen unser sehr preiswertes Zimmer, welches mit schönen, rustikalen, alten Holzmöbeln

Strandfunde

ausgestattet war, in Beschlag. Zudem verfügte es über einen kleinen, für Küstenorte typischen, verglasten Balkon. Ich öffnete die Fenster. Möwen kreischten, das Meer rauschte und mein Freund und ich fühlten uns sofort heimisch. Das war ein Ort, in welchem ich mir vorstellen konnte zu leben.
Es war früh am Nachmittag und die Sonne brannte, so dass wir sofort wieder loszogen, um die stille Bucht ausfindig zu machen. Unterwegs trafen Eddie und ich unsere Mitbewohnerin, die ebenfalls ein wunderschönes, kleines Zimmer in dieser Pension bezogen hatte. Nun spazierten wir gemeinsam weiter und gelangten fröhlich schnatternd an den Strand.
In der Bucht angekommen, setzten Eddie und ich uns in den warmen Sand und genossen die Ruhe und das leise Rauschen des Meeres. Unsere Begleiterin hatte uns berichtet, dass sich dorthin bis auf einige Pilger nur wenige Leute verirren. Es war fantastisch und mein Mann und ich konnten unser Glück

Steffi und Eddie glücklich am Atlantik

kaum fassen, an so einem schönen Ort verweilen zu dürfen und waren andererseits verwundert, dass es das überhaupt noch auf der Welt gab.
Plötzlich ertönten Rufe. Waren wir gemeint? Die Stimme kam uns bekannt vor und der unverkennbar schwäbische Dialekt auch. Sie gehörte zweifelsohne Ernie und wir liefen zu ihm. Eine herzliche Begrüßung folgte, und Eddie und ich fragten nach seinen drei Ladys. Ernie winkte lachend ab: „Ach, wisst ihr, ich bin die letzten Kilometer nach Finesterre zu Fuß gegangen, um ein wenig Ruhe zu haben und die traumhafte

Landschaft hier am Atlantik genießen zu können. Meine Damen sind etwas anstrengend, können ohne gewissen Luxus nicht leben und streiten auch noch miteinander. Stellt euch vor, sie schleppen sogar einen Fön mit sich herum, Schminke und diverse andere und vor allem unnötige Pflegeprodukte!" Ich winkte lachend ab und befragte Ernie über die uns umgebende Landschaft.

Auf einmal drang eine weibliche Stimme wie über einen Lautsprecher zu uns. Ernie sprang auf und meldete sich. Er hatte ein Walkie Talkie dabei, um jederzeit für seine Luxusgirls erreichbar zu sein. „Ich muss jetzt los, wir sehen uns später", rief er uns aufgeregt zu und eilte davon. Kopfschüttelnd setzten wir uns wieder in den Sand und genossen den herrlichen Nachmittag.

Gegen Abend spazierten Eddie und ich langsam in unsere Unterkunft zurück und trafen dort auf „alte" Bekannte. Unser Deutsch-Däne stand vor uns und hinter ihm erschien plötzlich Fabian. Wir umarmten uns und die Freude war groß. Wenige Minuten später betraten mein Freund und ich unser Zimmer, aus dem uns eisige Kälte entgegenschlug. Es schien noch nie ein Sonnenstrahl in diesen Raum gedrungen zu sein. Eine Heizung suchten wir vergeblich. Eddie und ich machten uns frisch, gingen wieder nach unten und liefen dem netten Hausherrn direkt in die Arme. Eine warme Mahlzeit in einem Restaurant oder in einer Bar war unser Begehr. Er redete sehr schnell und viel, nur wir verstanden wieder einmal nichts. Schließlich wandte er sich uns erneut zu mit der Frage: „Spanisch, Französisch oder Galicisch?" Etwas bedeppert standen wir da und unser Señor erwiderte: „Okay, Spanisch." Nun erklärte er uns den Weg zur Bar Finesterre noch einmal.

Los ging´s. Die Bar war schnell gefunden, wir wurden

Am Strand von Finesterre

freundlich in Empfang genommen und schon hockten Eddie und ich am Tisch mit Speisekarten in den Händen, und das sogar in deutscher Sprache, wie man uns versichert hatte. Dass wir blind waren und diese nicht lesen konnten, war niemandem aufgefallen. Ich hörte in den Raum hinein und bemerkte, dass noch mehr Leute anwesend waren. Sie sprachen Deutsch. Mit meiner Speisekarte in der Hand zog ich los in die Richtung, aus der die Stimmen kamen. So machten wir die Bekanntschaft von Christina und Gretl, die uns gern halfen. Nach einem reichlichen Menü setzten sie sich auf ein Glas Rotwein zu uns an den Tisch. Christina bedauerte, am

Blick auf den Atlantik

nächsten Morgen abreisen zu müssen. Gretl blieb noch zwei Tage. Gegen Mitternacht verabschiedeten wir uns und fielen todmüde ins Bett.
Eine Stunde später erwachten Eddie und ich putzmunter. Wir waren fast zu Eis erstarrt, so kalt war der Raum. Eddie stand auf und kam mit einer Decke zurück. Nur schien diese für Babys bestimmt zu sein. Uns gegenseitig wärmend, schliefen wir wieder ein. Am nächsten Morgen rannten mein Freund und ich förmlich unter die Dusche, um unsere unterkühlten Glieder aufzutauen. Wir hatten ein Zimmer im „Casa Gefrierschrank" gebucht, und das gleich für fünf Tage. Eddie und ich standen in der Badewanne, um zu duschen – von Kopf bis Fuß in Schaum gehüllt. War das Wasser zuvor noch warm, kam es jetzt nur noch kalt aus der Brause. Bibbernd und frierend

Typisches Pilgermenü

zogen wir uns an und suchten Zuflucht in der nächsten Bar, um zu frühstücken. Nach einigen Tassen Kaffee tauten wir endlich wieder auf. Ernie trat an den Tisch und verabredete sich mit uns für den Abend. Es hatte einen heftigen Streit zwischen seiner Frau Mama und deren Nachbarin gegeben, da die um einige Jahre ältere Dame wesentlich besser zu Fuß war als die Frau Mama, und so musste er die beiden Kampfhennen trennen. Kurzerhand hatte Ernie ein Zimmer am anderen Ende von Finesterre gesucht und die Nachbarin dort einquartiert. Jetzt benötigte er wieder dringend ein wenig Ruhe und jemanden zum Reden.
Eineinhalb Stunden später traten Eddie und ich hinaus in den Regen. Nach unserem eiskalten Domizil stand uns nicht der Sinn und so beschlossen wir, Finesterre zu erkunden. Am

Finesterre

Hafen trafen wir Fabian, der sich auf den Heimweg nach Deutschland machen wollte. Der Abschied fiel sehr schwer. Auch er hatte seine Last zu tragen und wir wünschten ihm von ganzem Herzen Glück. Als nächste lief uns Gretl über den Weg und lud uns ein, mit ihr shoppen zu gehen. Das taten wir nur allzu gern, denn Taschen oder kleine Rucksäcke wurden für den Rückflug als Handgebäck gebraucht. Bisher hatten Eddie und ich unsere Schlafsäcke auf dem Rucksack befestigt, nur das ging im Flieger nicht.
Zunächst stolzierten Gretl, Eddie und ich in eine der leckeren spanischen Bäckereien und versorgten uns mit Kuchen. Den hatten wir lieben gelernt. Plötzlich begann es erneut in Strömen zu regnen. Uns blieb nur eins – Zuflucht in einer Bar zu suchen. Gretl hatte sich am Morgen von Christina

Der Hafen von Finesterre

verabschiedet. Beide Frauen kannten sich aus Santiago, waren dann zusammen nach Finesterre gefahren und dort gemeinsam in einer Ferienwohnung untergekommen. Eine der Damen war, wie wir, den Camino Francés gegangen, und die andere den Camino Portugues. Die Bar füllte sich und unsere Unterhaltung musste lautstark fortgesetzt werden. Zu Dritt bummelten wir, nachdem der Regen aufgehört hatte, weiter und Gretl erklärte uns die Geschäfte: „Steffi und Eddie, Taschen oder Rucksäcke gibt es nicht, aber schicke Einkaufsbeutel mit Reißverschluss im italienischen Design. Hier, schaut selbst!" Dabei drückte sie jedem von uns eines der „edlen Teile" in die Hand. Ich befühlte „das Designerstück" und fragte nach dem Preis. „30 Euro das Stück", lautete die Antwort. Wir schluckten hörbar und kauften notgedrungen die „Designerbeutel". Anschließend lud unsere Begleiterin uns ein, sie zu einer Fischauktion zu begleiten, denn was sollte man bei diesem Regenwetter weiter machen? Das lehnten wir dankend ab und machten uns auf den Weg in das „Casa Gefrierschrank". Eddie und ich hofften auf besseres Wetter. Wir hatten kein sauberes Stück mehr anzuziehen und mussten dringend waschen. In unserem Zimmer hielten wir es keine zwei Stunden aus, dann suchten uns Kopfschmerzen heim, durch die eisige Kälte bedingt. Notgedrungen liefen Eddie und ich erneut durch den Regen, erkundeten weiter Finesterre und nahmen in einer Bar Platz.

Ernie und Gefolge kreuzten am späten Nachmittag unseren Weg. Die beiden Damen humpelten stark und waren mit dicken Knüppeln zum Abstützen bewaffnet. Bei unserem Rundgang hatten mein Gefährte und ich drei Supermärkte entdeckt. Es wurde langsam Abend und wir kehrten in einem ein. Der Einkauf war kein Problem mehr für uns, denn die dazu nötigen Spanischvokabeln beherrschten Eddie und ich jetzt.

Wir stellten unseren Balkontisch ins Zimmer und aßen zu Abend. Unsere Mahlzeit bestand aus Käse und Brot, welches wir mit dem Taschenmesser schnitten. Es schmeckte köstlich. Dann war es soweit, Ernie würde bestimmt schon in der besagten Bar auf uns warten. Bei etlichen Gläsern eines guten Vino tinto verlebten wir einen lustigen Abend. Ich fragte Ernie nun direkt: „Sag mal, sind deine Luxusgirls in Pumps über den Camino gestöckelt?" Dieser lachte jetzt wieder. Anfangs schien er recht deprimiert. So hatte jeder seine eigenen Probleme. Noch einen Tag, dann würden auch sie wieder die Heimreise antreten. Gegen Mitternacht fielen wir ins Bett, nachdem Eddie unsere Schlafsäcke miteinander verbunden hatte. Jetzt war es endlich warm und kuschelig.

34   DIE SCHLÜPPERVERBRENNUNG

Frisch geduscht, mit einem Packen schmutziger Wäsche unter dem Arm, erschienen wir am Morgen in der großen Wohnküche unserer netten Wirtsleute. Eddie und ich hatten kein sauberes Stück zum Anziehen mehr in unseren Rucksäcken gefunden. Unsere Vermieterin eilte sofort mit einem Wäschekorb herbei und gegen ein geringes Entgelt konnten wir waschen lassen, wie die anderen Pilger in dieser Pension auch.
Unser erster Weg führte auf einen Morgenkaffee in die Bar. Ein sonniger, etwas windiger Tag war angebrochen und wir genossen die herrliche Meeresluft.
Heute sollte der andere Strand Finesterres von uns erkundet werden, um die begehrten Jakobsmuscheln zu sammeln.
Als erster unserer Bekannten lief uns der Deutsch-Däne über den Weg. Er hatte zunächst das gleiche Ziel wie wir und musste am Nachmittag leider schon nach Santiago zurück. Eddie und ich erfuhren, dass dies sein zweiter Camino war und er nach seinem Ersten Wochen gebraucht hatte, um wieder in den normalen Alltag zurückzufinden. So nahmen wir auch von ihm Abschied. Uns blieben noch fast drei Tage.
Es war herrlich, am Atlantik bummeln zu gehen, sich den Wind um die Nase wehen zu lassen und kaum einem Menschen zu begegnen. Das kannten wir von zu Hause anders. Ständig liefen Ströme von Touristen am Strand entlang und an Ruhe war nicht zu denken.
Irgendwann verspürten Eddie und ich Hunger. Die Mittagszeit war vorüber und wir entschlossen uns zu einem Picknick hoch oben auf den Klippen, am anderen Ende von Finesterre. Von Weitem hörten wir Schritte und dann ein Rufen.

Verwundert blieben wir stehen. Da standen auch schon Christian und Lutz vor uns, die den Weg von Santiago hierher in drei Tagen gepilgert waren. Auch sie erzählten uns von der wunderschönen Landschaft der Atlantikküste.
Eine Stunde später standen Eddie und ich auf den Klippen. Wir tasteten nach den Holztischen und Bänken für unser Picknick. Zwei junge Männer aus den USA eilten uns zur Hilfe und schnell waren wir in eine rege Unterhaltung vertieft. Es dauerte nicht lange und unsere kleine Gruppe vergrößerte sich um einen Pilger aus Spanien und zwei Herren aus Korea. Die Unterhaltung wurde in englischer Sprache geführt. Ein weiterer Mann trat an den Tisch, setzte sich aber nicht. Er unterhielt sich mit den anderen Pilgern, aber mied ein Gespräch mit uns. Eddie und ich waren sehr verwundert. Die beiden Koreaner nahmen uns beiseite und erzählten, dass es sich um den Tibeter handelte. Nun war alles klar. Unterwegs hatten wir schon einiges von ihm gehört. Er beobachtete uns nur von Weitem und verstand wahrscheinlich die Welt nicht mehr. Wie konnten zwei Blinde einfach allein in der Welt umherrennen und Menschen anderer Nationen gaben sich auch noch mit ihnen ab? Im Tibet war Blindsein etwas ganz Gefürchtetes. Diese Menschen wurden oft gemieden, behandelt wie Aussätzige und man beschimpfte sie und ihre Angehörigen. Das Leben für Betroffene und deren Familien war unglaublich hart. Blindheit wurde und wird dort wahrscheinlich weiterhin als eine Strafe angesehen.
Nur wenige Monate zuvor hatten wir die Vorstellung des Dokumentarfilms „Blindsight" in Rostock besucht. Die blinde Deutsche, Sabriye Tenberken, und ihr Lebensgefährte, der Niederländer Paul Kronenberg, hatten das Projekt „Braille ohne Grenzen" ins Leben gerufen sowie 1998 ein Blindenzentrum

im Tibet eröffnet. Und sie haben seither viel geleistet für die Anerkennung, die Bildung und Integration blinder Menschen in diesem Land. Jetzt waren sie seit einigen Jahren ebenfalls in Indien tätig und suchten manchmal neue Mitarbeiter. Dies war eine Aufgabe, die Eddie und ich gern für einige Jahre übernommen hätten. Nur gab es bislang noch Kinder in unserem Haushalt. Wir würden sehen, wie sich alles entwickeln wird. Aber eins stand fest, wenn mein Freund und ich erst frei und ungebunden waren, würden wir auf keinen Fall untätig zu Hause hocken.

Eddie und ich verbrachten noch einige Zeit in trauter Unterhaltung mit den anderen auf den Klippen, bevor sich die Gruppe nach diesem gemeinsamen Picknick auflöste. Wir bummelten noch einmal in die traumhafte Bucht hinunter, genossen den Rest des Tages und machten uns wieder auf den Weg in „unsere" Bar.

Am nächsten Morgen traten Ernie, seine Luxusgirls und Gretl die Heimreise an und so hatten wir uns zu einem Abschiedsabend verabredet. Eddie und ich waren die ersten und bevor Wasser und Kaffee vor uns standen, erschienen auch schon die anderen. Wir schoben zwei Tische zusammen, machten es uns gemütlich und die vier Neuankömmlinge berichteten von ihrem Ausflug zum Kap Finesterre. Es wird auch das „Ende der Welt" genannt, da es sich um das fast westlichste Kap Europas handelt. Nach alter Pilgertradition verbrannten dort Pilger in einer großen Schale Sachen ihrer Pilgerschaft, wie beispielsweise durchgelaufene Schuhe, ein Shirt oder ähnliches. Gretl beugte sich über den Tisch und flüsterte leise: „Ich wusste gar nicht, was ich verbrennen sollte. So bin ich einfach um die Ecke gegangen, habe mir meine alten Schlüpper ausgezogen und diese verbrannt." Wir lachten schallend und ich fragte: „Sag mal, wieviele andere Pilger waren denn außer euch anwesend?" Die Antwort lautete: „ Na, mindestens zwanzig." Das Gelächter wurde noch lauter. Auch wunderte ich mich ein wenig, wie unsere beiden, immer noch schwer humpelnden Luxusgirls den Weg dorthin geschafft hatten. Diese lachten: „Mit dem Taxi natürlich. Und zurück hat man uns versetzt, da haben wir privat ein Auto angehalten." Es wurde ein lustiger, gemütlicher Abend, an dessen Ende wir Telefonnummern und E-Mailadressen austauschten. Über eines herrschte Einigkeit, dass dies nicht unser letzter Camino sein würde.

35 WEHMUT

Ein schöner, sonniger, windstiller Tag brach an. Eddie und ich hatten von unseren Freunden erfahren, dass es am Hafen eine gemütliche, kleine Bar gäbe, deren Besitzer die deutsche Sprache gut beherrscht. So beschlossen wir, diese zum Frühstücken aufzusuchen. Pedro, der Inhaber, empfing uns freundlich und führte uns an den letzten freien Tisch. Die Bar war mit Deutschen überfüllt. Schnell kamen wir ins Gespräch und kündigten an, am Abend wieder vorbeizukommen.
Zunächst wollten Eddie und ich den schönen Tag am Strand genießen. Wir kauften Essen und Trinken ein und machten uns auf den Weg. Heute hatten mein Lebensgefährte und ich großes Glück, und wir fanden viele der heiß begehrten Jakobsmuscheln.
Wehmut kam auf. Eddie und ich setzten uns an den Strand und dachten über unsere Freiheit in den letzten Wochen nach. In wenigen Tagen mussten wir nach Deutschland zurückkehren. Trotz aller Selbstständigkeit und Mobilität waren und sind wir immer auf Hilfe angewiesen. Dies bedeutet auch Abhängigkeit. So manches blieb ungesagt und oft schluckten wir lieber und nahmen Dinge hin, die sich ein Mensch ohne Behinderung nicht gefallen lassen würde. Einfach um diese Leute nicht zu verprellen, da wir auf sie angewiesen waren und sind. Eddie und ich mussten uns natürlich nach ihnen richten, obwohl wir für diese Dienstleistungen zahlten. Und es entstand für uns oft Druck und Stress, da auch wir nicht im Nirwana lebten und gewisse Verpflichtungen hatten. Jeder nahm sich und seine Interessen für ungeheuer wichtig und sah nur das Geld. Wie oft sagte man mir: „Mensch, musst du

denn wieder so viel einkaufen?" Dass aber ein Fünfpersonenhaushalt versorgt sein wollte und man auch für die Hilfeleistungen ein Entgelt bekam, wurde vergessen.

Was sollte das erst werden, wenn wir durch Kürzungen des Blinden- und Sehbehindertengeldes diese Hilfen nicht mehr ausreichend honorieren konnten? Auch gewisse Rehabilitationsmaßnahmen, wie das Training in lebenspraktischen Fertigkeiten, mussten blinde und stark sehbehinderte Menschen selbst zahlen. Ebenfalls hatten auch wir durch die Gesundheitsreformen Einschnitte in den Leistungen der Krankenkassen hinnehmen müssen. Viele teure, da immer in einer Mindermenge, und doch für uns unentbehrliche Hilfsmittel bezahlten wir selbst.

Mit Grauen dachten wir an unsere Rückkehr nach Deutschland. In Einem herrschte zwischen Eddie und mir Einigkeit: Aufgeben kam nicht in Frage! Wir würden zunächst unser Buch fertigstellen, um anderen ein wenig Mut zu machen. Der Camino hatte uns vieles gelehrt und uns härter gemacht. Auch blinde Menschen besaßen Ellenbogen und konnten diese einsetzen. Schließlich haben auch wir unseren Platz in der Gesellschaft und leisten so einiges. Eddie und ich dachten nicht nur an unsere ganzen Aktivitäten sondern vor allem an das letzte Jahr, an Mutti, deren Pflege wir weitestgehend selbst gemeistert hatten aus finanziellen Gründen, und an das Vertrauen, welches das Gericht einem Blinden ausgesprochen hatte, indem es ihn zum Betreuer bestellte.

Eddie sprach von Mutti und erinnerte mich an Situationen im Krankenhaus. Wir redeten über die Menschenwürde, das Leben und den Tod. Als besonders schlimm hatten wir den Umgang mit Muttis sterbender Bettnachbarin empfunden und umso besser verstanden mein Gefährte und ich jenen krebskranken Pilger, der auf dem Camino sterben wollte. Mein Partner und ich haben auf dem Camino viele Antworten erhalten. Endlich konnten wir Martha und Alf verzeihen und ihnen jetzt sogar Dankbarkeit entgegenbringen. Alles hatte und hat seinen Sinn im Leben, so auch ihr Verhalten. Ohne sie wären wir uns vermutlich nie begegnet und hätten nicht diese Entwicklung nehmen können.

Eins war uns in diesem Jahr und auf dem Weg klar geworden. Wir leben heute und jetzt, würden nicht mehr alles auf später vertagen und auch nicht ständig unsere persönlichen Interessen hintenanstellen. Was allerdings nicht heißen sollte, dass wir uns nicht weiterhin für die Belange der Schwachen in der Gesellschaft einsetzen würden.

Vor allem ich war mir auf dem Camino bewusst geworden, dass ich unserem Verein „Perfekt" den Rücken kehren wollte und musste. Ich hoffte inständig, noch bis zur Neuwahl in meiner gewählten Funktion in unserem Verein durchzuhalten, was noch ein gutes Jahr bedeutete. Es gab zwar einerseits sehr engagierte Menschen, aber auf der anderen Seite war einfach zu viel im Argen. Kritik durfte nicht angebracht werden und in unserer Regionalgruppe des Vereins fühlten wir uns schon gar nicht wohl. So hatte es kurz vor unserer Abreise noch eine Sitzung gegeben, auf welcher der Vorsitzende mitgeteilt hatte, dass keine Mitarbeiterin benötigt würde, da er und sein Vorstand sehende Ehepartner hätten. Viele Menschen waren allein, auch wir, und hatten in so manch einem Bereich Hilfe oder auch mal eine Begleitung nötig, für die sie nicht bezahlen mussten. In anderen Regionalgruppen waren über Fördermöglichkeiten Mitarbeiter beschäftigt, was gerade für die blinden und sehbehinderten Mitglieder des Vereins eine wertvolle Hilfe darstellte. Auch unsere Region hatte einmal für sechs Monate das Glück gehabt – in Form einer netten und sehr hilfsbereiten Dame. Informationen drangen gar nicht bis zu uns Mitgliedern durch und auf die alle zwei Jahre in R. stattfindenden großen Hilfsmittelausstellungen, die mit viel Aufwand für den gesamten Verein organisiert wurden, reagierte eine junge, dynamische Frau des Regionalvorstandes auch nur mit Gemecker, indem sie schimpfend von sich gab: „Warum sind die denn immer in R. und wie soll man da hinkommen?" Wie sie in ein Hotel zum Yoga Kurs, welches doch viel weiter weg lag, gelangen sollte, wusste sie hingegen schon. Des Weiteren herrschte ein rauer Umgangston, wenn es um Veranstaltungen ging. Zwei Tage bevor diese stattfinden sollten, klingelte unser Telefon und konnten wir nicht teilnehmen, aufgrund anderer Verpflichtungen, wurde keinerlei Verständnis gezeigt. Irgendwann taten Eddie und ich dann kund, dass es für uns in der Form nicht machbar wäre und man uns doch wenigstens vierzehn Tage vorher informieren möchte. Das ging natürlich absolut nicht. So blieb nur eins, nämlich zu erklären, dass man uns dann eben ausplanen müsse. Es war einfach unmöglich, dem Verein gerecht zu werden. In anderen Regionalgruppen hingegen standen die Termine langfristig fest.

Ebenso hatte ich mir im Frühjahr desselben Jahres auf einer Tagung heftige Kritik über ein Hotel für behinderte Menschen in F. anhören müssen und leider nicht nur da. Sie war berechtigt, da auch ich es ebenfalls so erlebt hatte, wie dort geschildert. Hotel oder Internat, war die Frage, von Unflexibilität die Rede und von einem mehr als schroffen Ton, wenn ein Gast Kritik anbrachte. Das allerdings anzubringen oder gar eine Änderung herbeizuführen, schien undenkbar. „Man wäre perfekt und alle seien zufrieden", lautete stattdessen die

Antwort. Ich hatte meine eigenen Konsequenzen daraus gezogen und fuhr einfach nicht mehr hin, was meine Abwesenheit bei den zwei Mal im Jahr stattfindenden großen Gremiumssitzungen bedeutete. Meine Zuarbeit leistete ich zwar, lehnte es aber ab, in so ein Haus mein Geld zu tragen. Das kam natürlich nicht gut an.

Leise plätscherten die Wellen an den Strand. Eddie und ich hörten ihnen zu, zogen Schuhe und Strümpfe aus und liefen Hand in Hand dem Meer entgegen. Das Wasser war eiskalt. Wir lachten und hinter uns rief jemand: „Nun aber mal die Klamotten aus, Pilger sind hart im nehmen und baden, richtig? Egal bei welcher Wassertemperatur!" Das war uns dann doch entschieden zu kalt. Wir zogen vor, es uns im Sand gemütlich zu machen, zu träumen und unser wunderbares Pilgermenü, bestehend aus frischem Brot, Käse und Wasser, einzunehmen. Schließlich hieß Pilgern nichts anderes als beten mit den Füßen, in der Fremde unterwegs zu sein und nichts zu besitzen. Mit dem Wenigen hatten Eddie und ich kein Problem, einzig unsere dicken Bücher in Blindenschrift vermissten wir manchmal. Ansonsten ging es uns gut, denn wir hatten Nahrung, Getränke und Natur pur. Ein Bett zum Schlafen gab es ebenfalls sowie ein wenig Kleidung zum wechseln und Wasser zum waschen.

Kaum waren wir mit dem Essen fertig und in Aufbruchstimmung, wuselte etwas Nasses um uns herum und sprang freudig auf Eddies Schoß. Dieser rief ganz begeistert: „Oh, ein Labbi Schlappi!" Da hörten Eddie und ich auch schon eine Frauenstimme, die entschuldigend erklärte, dass sie den Hund ihrer Wirtsleute ausführte und ihm ein wenig Freiheit gönnte. Mein Gefährte und ich kannten die Situation vieler Tiere in Spanien und verstanden dies gut.

Nach einer Weile verabschiedete sich die Dame und jeder ging seiner Wege. Wir kehrten wieder bei Pedro ein und eine angeregte Unterhaltung begann, in welcher mein Freund und ich viel über die Traditionen, Sitten und Bräuche dieser Region erfuhren und schmunzelten. Pedro sprach nämlich so schnell deutsch, wie spanisch gesprochen wurde und wir hatten Mühe ihm zu folgen. Wieder waren viele Deutsche anwesend. Auch Eddie und ich kamen mit ihnen ins Gespräch und man erzählte uns, dass einige der Leute Aussteiger waren. Sie hatten Deutschland nach ihrem Camino den Rücken gekehrt und die Erfüllung in einem einfachen Leben an diesem wunderschönen Ort am Atlantik gefunden.

Pedro servierte frischen, gebratenen Fisch, den er am Nachmittag von einem der Fischer erhalten hatte. Es schmeckte köstlich. Zahlen musste dafür niemand.

Der nächste Tag war der letzte in Finesterre und wieder überkam uns eine gewisse Traurigkeit, wenn wir an die Rückkehr nach Deutschland und die vielen Hürden dachten, die uns dort erwarteten. Wir hatten das wundervolle und vor allem barrierefreie Spanien kennen und lieben gelernt. Das, wofür sich unter anderem die Blindenselbsthilfe in der Heimat einsetzte und womit man sich leider sehr schwer tat, war hier selbstverständlich und überall vorhanden.

Aber eins stand für uns fest und tröstete Eddie und mich ein wenig: Wir würden wiederkommen, wenn Gott es so will!

Am nächsten Morgen herrschte in Pedros Bar reges Treiben. Einige Pilger flogen zurück nach Deutschland und große Abschiedsszenen bahnten sich an. Eddie und ich ließen es uns bei einem reichhaltigen Frühstück und dem üblichen Café con Leche gut gehen. Die Dame, welche wir am Vortag am Strand kennengelernt hatten, trat an unseren Tisch und sagte:

„Guten Morgen, ich habe gestern gar nicht bemerkt, dass Sie blind sind. Die anderen auch nicht. Wenn wir das auch nur geahnt hätten, wären Sie doch am Abend in unsere Runde gebeten worden." Wir stutzten und wunderten uns. Wie sollten Eddie und ich das denn auffassen? Nur wegen unserer Blindheit wäre uns diese Ehre zuteil geworden, in so „erlauchter" Gesellschaft den Abend verbringen zu dürfen. Also darauf konnten wir gut verzichten.

Mein Gefährte und ich überlegten, wie wir den Tag verbringen würden. Sonne und Wolken wechselten sich ab und so war schnell der Beschluss gefasst, am Vormittag durch den Ort zu bummeln und Mitbringsel für unsere Lieben daheim zu kaufen sowie am Nachmittag unsere Rucksäcke für den Flug zu packen. Das, was noch benötigt wurde, konnte ja obenauf. Eddie und ich bummelten ein wenig durch die Geschäfte, tätigten unsere Einkäufe und fanden auch einen kleinen Laden, in welchem es Taschen und Rucksäcke gab. Wir freuten uns, mussten mein Mann und ich doch so nicht mit unseren Designereinkaufsbeuteln im Flieger sitzen. Das hätte uns nicht gefallen.

Am späten Vormittag schleppten wir stolz unsere neuen Besitztümer in die Pension und überlegten, uns zum Abschied noch ein schönes Essen in einem Restaurant zu gönnen. Dort angekommen, ließen wir uns draußen nieder. Wie schon so oft, tat man uns eine ellenlange Speisekarte kund, von der Eddie und ich nichts verstanden. Das merkte unsere nette Bedienung schnell. So verlegte sie sich auf das Nachahmen einiger Tiere und stand heftig gestikulierend vor uns: „Gock, gock, gack, gack, quak, quak", hörten wir nun abwechselnd. Wir nickten nur, bestellten Pommes und eines dieser Gerichte. Beim Warten auf das Essen beschlich uns ein ungutes

Gefühl. Was, wenn wir nun Frösche vorgesetzt bekamen? Teller wurden vor uns aufgebaut, die Dame verschwand und mein Freund und ich probierten zaghaft. Das Fleisch konnten wir nicht deuten, die Pommes waren gut, wenn auch ohne Würze. Eddie grabbelte den Tisch ab, leider vergeblich, denn eine Menage war nicht zu finden. So quälten wir uns das völlig fad schmeckende Gericht hinter und waren uns darin einig, dass Brot und Käse besser gemundet hätten.

Nach diesem „kulinarischen Erlebnis" machten wir noch einen Abschiedsbummel durch Finesterre, strapazierten ein letztes Mal die Kamera und widmeten uns dem Packen. Die „Pferdedecke" ließ Eddie einfach im Schrank zurück. Den Abend verbrachten wir natürlich wieder in Pedros Bar.

36 NOCH EINMAL SANTIAGO UND DIE RÜCKKEHR IN DIE HEIMAT

Am Morgen nahmen Eddie und ich schweren Herzens Abschied von unseren netten Wirtsleuten und gingen erneut zum Frühstück zu Pedro. Es dauerte gar nicht lange, da stand ein Bekannter vor uns. Wir hatten ihn des Öfteren in unserer Pension getroffen. Freudestrahlend überreichte er Eddie die zurückgelassene Jacke. Dieser hatte sie absichtlich im Schrank gelassen und war froh, das luftundurchlässige Teil nie wieder anziehen zu müssen. Für die letzten Tage wollte er mit der Regenjacke auskommen. Wir bedankten uns und wandten uns bezüglich der Entsorgung an Pedro. Der aber bat Eddie, diese an einen Bedürftigen weitergeben zu können. So hatte auch diese Jacke noch einen Sinn, wie alles im Leben.
Christian setzte sich an unseren Tisch, auch er wollte nach so langer Zeit die Heimreise antreten. Wir schwatzten noch ein Weilchen, tranken Kaffee und dann fuhr der Bus vor. Drei Stunden später hatte Santiago uns wieder. Per Taxi war unser altbekanntes Hotel schnell erreicht und ein Gefühl des „nach Hause Kommens" stellte sich ein. Wir konnten das gleiche Zimmer wie eine Woche zuvor beziehen. Die Sonne strahlte, es war heiß und uns knurrte der Magen. So zogen Eddie und ich gleich wieder los. Zunächst kauften wir Kuchen und ließen uns draußen auf den Stühlen vor einer Bar nieder. Ich bestellte Kaffee. Dieser wurde schnell serviert. Anstatt Tassen fanden wir Gläser vor. Ich nahm mein Glas in die Hand. Das Getränk darin war kalt und roch nach Alkohol. Ich musste bei der Bestellung etwas falsch ausgesprochen haben, denn statt

des Kaffees standen zwei randvolle Gläser mit einem starken Kaffeelikör vor uns. Eddie lachte, hob die Hände zum Himmel und bat: „Lieber Gott, lass die Steffi in Santiago nie wieder Essen und Trinken bestellen!"
Beschwingt vom Likör, bummelten wir erneut durch die Gassen von Santiagos Altstadt. Aus den kleinen Geschäften ertönte galicische Musik. Plötzlich blieb ich stehen und wandte mich Eddie zu: „Wir haben für alle etwas gekauft, nur an unsere Freunde haben wir nicht gedacht." Gemeint waren damit Heiko und Jana Zohner, die unsere wichtigsten Bezugspersonen während unseres Camino in der Heimat gewesen waren. Jeden zweiten Tag hatten wir miteinander telefoniert beziehungsweise SMS geschrieben und ging es uns einmal schlecht, wusste Heiko immer, wie er uns wieder aufbauen konnte. Auch standen die beiden während unserer Abwesenheit mit unserer Familie, den Freunden und Bekannten in Kontakt, informierten und berichteten über unseren Weg und hatten auch unser Hotelzimmer für den kurzen Berlinaufenthalt gebucht. Eddie und ich bummelten durch die Läden, fanden etwas Passendes und bemerkten, dass wir nicht einmal für uns selbst ein Andenken gekauft hatten. So erwarben wir noch ein Santiagokreuz für Eddie und eine wunderschöne Halskette mit dem „Heiligen Jakobus" als Anhänger für mich. Hatte dieser uns doch den ganzen Weg über beschützt.
Am nächsten Morgen erwachte der Tag mit strahlendem Sonnenschein, was den Abschied nicht unbedingt leichter machte. Noch einmal spazierten wir durch Santiagos Altstadt und suchten ein Straßencafé auf. Eddie und ich wollten auf gar keinen Fall die Heimreise antreten ohne die bekannte Santiagotorte probiert zu haben. Am Nebentisch ließen sich deutsche Touristen nieder. Schnell kamen wir ins Gespräch. Die

Damen schimpften fürchterlich: „Nichts ist wie in Deutschland! Der Kaffee ist anders, man weiß gar nicht, was man bestellen soll!" Wir klärten sie auf, was sich hinter Café con Leche, Americano oder Cortado verbarg. Aber auch dies war ihnen nicht recht. Der eine enthielt zu viel Milch, der andere war schwarz, die Tassen zu klein und überhaupt sei in der Heimat alles viel besser! Sie fuhren fort: „Was machen Sie denn eigentlich hier in Spanien, Sie sehen doch nichts?! Da kann man doch gleich zu Hause bleiben!" Eddie und ich mussten schmunzeln und waren uns sicher, mehr von Spanien „gesehen" zu haben als diese Touristinnen.

Die Mittagszeit brach an. Unser Flieger ging um 17.00 Uhr und wir mussten leider aufbrechen. Im Hotel rief man uns ein Taxi und zwanzig Minuten später standen mein Gefährte und ich auch schon in der Halle des kleinen Flughafens. Das Personal der Fluggesellschaft nahm uns freundlich in Empfang und sorgte dafür, dass unsere Rucksäcke eingeschweißt wurden. Wir hingegen durften schon einchecken und konnten uns aber weiterhin frei bewegen. Es war schön, einmal das Gepäck los zu sein. Bis zum Abflug waren noch gute zweieinhalb Stunden Zeit. So bummelten wir ein wenig herum, aßen etwas, gingen vor die Tür, um die herrliche Sonne zu genießen, bis ein Mitarbeiter des Mobilitätsservice vor uns stand und Eddie und mich in den Flieger setzte. Zunächst flogen wir nach Palma de Mallorca. Dort angekommen bedeutete man uns zu warten. Die zweite Tür des Flugzeuges öffnete sich und gleich drei nette Helfer standen zu unserer Verfügung. Anstatt uns die Gangway hinunter zu begleiten, setzte man Eddie und mich in ein Ufo ähnliches Gefährt, welches die Größe unseres Wohnzimmers hatte. Quietschend schloss sich die Tür, das Teil wurde hinuntergefahren und setzte sich in Bewegung. Wir fuhren durch endlose Gänge, wurden zum Mobilitätsservice geleitet und anschließend in einen offenen Wagen verfrachtet und an den Steig unserer Maschine kutschiert. Alle strahlten, was wir an ihren Stimmen hörten, und waren, wie in Spanien üblich, überfürsorglich. Laufen durften mein Gefährte und ich keinen Schritt. Die ganze Aktion dauerte fünfzig Minuten und kaum hatten wir in der nächsten Maschine Platz genommen, hob diese auch schon ab. Man hatte nur auf uns Beide gewartet. Zweieinhalb Stunden später landeten wir wohlbehalten in Berlin, um eine weitere wichtige Erkenntnis reicher: „Bei den wahren Blinden dieser Gesellschaft handelt es sich nicht um uns, die nur ihr Augenlicht verloren haben. So mancher muss schleunigst das ‚Sehen' lernen, denn Deutschland bedarf gravierender Änderungen."

EPILOG

Deutschland hatte uns wieder. Eddie und ich benötigten einige Zeit uns an den veränderten Alltag zu gewöhnen und trauerten dem barrierefreien Spanien nach. Schon das Überqueren des Marktplatzes in unserer Heimatstadt stellte eine oft unüberwindbare Herausforderung für uns da. Nach dem wir uns wieder ein wenig gefasst hatten, meldeten Eddie und ich uns zu einem Seminar zu Grundfragen des Glaubens an und ließen uns nach dessen Absolvierung, taufen. Schließlich hatten mein Partner und ich auf dem Jakobsweg endgültig zu Gott gefunden und ihn erleben dürfen.
Zum selben Zeitpunkt verkündete man in unserer Landeshauptstadt, trotz allen Einsatzes der Betroffenen, die Kürzung des Landesblindengeldes. Und nicht nur das. Weiterhin mussten pflegebedürftige Blinde ab sofort auch eine teilweise Anrechnung der jeweiligen Pflegestufe auf das Landesblindengeld hinnehmen.
Eddie und ich setzten uns weiter für die Belange Betroffener ein. Unser nächstes Vorhaben bestand darin, da ich der Öffentlichkeitsmensch des Vereins „Perfekt" war, den Tag der Behinderungen am 13. September gemeinsam mit unserer Regionalgruppe vorzubereiten. Das Motto lautete „Menschen mit Behinderungen in der Kirche" und sollte eine Zentralveranstaltung des Vereins werden. Gemeinsam mit unserem Pfarrer überlegten Eddie und ich lange, was wir an weiteren Aktionen zu diesem Tag durchführen könnten, außer einem Gottesdienst in dem es besonders um Behinderungen ging. Irgendwann stand plötzlich unser Camino im Mittelpunkt und aus Eddies und meinen Tagebuchaufzeichnungen

sollte gelesen werden. Das bedeutete diese nun in eine vorlesefähige Form zu bringen. Die Regionalgruppe zeigte keinerlei Interesse an der Veranstaltung und so blieb uns nur, unseren Vorsitzenden, den 71-jährigen Herrn Korbmachermeister Ernst Blinderowski, per Mail über den aktuellen Sachstand zu informieren und zu bitten sich mit einzubringen sowie ihm hinterher zu telefonieren.
Die nächste große Sitzung stand an und der Herr gab dort in aller Öffentlichkeit von sich, über nichts informiert worden zu sein. Ganz plötzlich kam dieses Gremium daraufhin zu dem Entschluss, dass der Verein konfessionsunabhängig sei und diese Veranstaltung somit nicht stattfinden solle. Die Organisation lief zu dem Zeitpunkt auf Hochtouren. So hatte ein Fernsehsender schon einen Kurzfilm in Vorbereitung dieses Tages gedreht. Dazu war meine Freundin, Patricia, mehrere Stunden unter einer Brille, welche eine 90-prozentige Sehbehinderung simulierte, in meiner Begleitung, durch die Stadt gelaufen und sogar in ein Restaurant zum Essen eingekehrt. Dank meiner tapferen, lieben Freundin, Patricia und diesem Kurzfilm, konnte ganz authentisch veranschaulicht werden, was es bedeutete mit so einer Behinderung leben zu müssen.
Eddie und ich übten uns zunächst in Sprachlosigkeit. Mehrere Monate lang war dem Gremium die Thematik bekannt gewesen und niemand hatte Einwände geltend gemacht. Damit hatten wir endgültig genug. Mein Partner und ich kündigten unsere Mitgliedschaft und wir verließen den Verein mit der Feststellung, dass man also so mit Leuten umging, die es wagten Kritik zu üben oder Bitten zu äußern, aber auch andererseits alles gaben. Warum hielten Menschen mit Behinderungen stattdessen nicht zusammen? Monate später teilte mein lieber, gehörloser Freund und ehemaliger Mitstreiter

Tino Mehner und Steffi auf einer Vernissage im Schweriner Schloss

aus D. mir mit, dass auch er nun an diesem Punkt angekommen sei und darüber nachdachte, den Verein verlassen zu wollen. Über 20 Jahre war dieser ein wichtiger Bestandteil seines Lebens gewesen. Ich empfand tiefe Trauer über diese Entwicklung.
Der Tag der Behinderungen, fand genauso statt, wie wir es geplant hatten – wenn auch nunmehr als überwiegend private Veranstaltung. Bei diesem Event konnten wir unter anderem

einen Vertreter des Vereins für Blindenwohlfahrt sowie Gäste des Blinden- und Sehbehindertenvereins begrüßen, welche ihren Beitrag leisteten und somit umfassend zum Gelingen dieses Abends beitrugen.
Wochen später musste ich dann erfahren, dass hingegen der Regionalvorsitzende unseres, eigenen Vereins, Ernst Blinderowski aus S., mich diffamiert hatte. Die Wahrheit hatte in all den Wochen niemanden interessiert. Auf meine Forderung diese Diffamierung zurückzunehmen, erfolgte unter anderem ganz lapidar und völlig unangemessen, dass mich vereinsinterne Dinge nichts mehr angingen und das obwohl es um meine Person ging. Scheinbar waren wir zu Feinden des Vereins geworden.
Nach all diesen Erfahrungen fiel es Eddie und mir natürlich immer schwerer, sich für behinderte Menschen einzusetzen. Oft mussten wir uns selbst motivieren, indem mein Freund und ich uns sagten, dass gerade Neubetroffene nichts dafür konnten. Wir traten deshalb einem Verein für blinde Menschen bei.
Die Situation blinder und sehbehinderter Menschen verschlechterte sich weiter. Dringend benötigte Hilfsmittel oder Blindenführhunde für Erstführhundehalter konnten oft erst mit Widersprüchen oder auf dem Klageweg durchgesetzt werden, was unzumutbar lange Wartezeiten bedeutete. Die Leistungen der Eingliederungshilfe wurden in Mecklenburg-Vorpommern in den einzelnen Kreisen und kreisfreien Städten völlig unterschiedlich gehandhabt. Eddie und ich nahmen diese Gegebenheiten zum Anlass und wandten uns an den Petitionsausschuss des Landtages, um auf diese Rechtsungleichheit aufmerksam zu machen und Abhilfe zu schaffen. Eingliederungshilfe in einigen Regionen zu bekommen

schien unmöglich. Alles wurde abgelehnt und auf das gekürzte Blindengeld verwiesen. Es war natürlich nicht machbar alle Ausgaben davon zu bestreiten, benötigten wir doch ständig wiederkehrende Hilfeleistungen um den Alltag meistern zu können. Diese rechnete man uns in K. genau aus und bestimmte wie viel Stunden pro Woche uns eine Hilfe im Haushalt oder für andere Dinge zustand, damit eine Ratenzahlungssumme zum Erwerb für die von uns beantragten Dinge übrigblieb. Die blutjunge Angestellte eines Amtes, Frau Charlene Stressig, ging sogar soweit, uns zu verpflichten regelmäßig die Zeitungsannoncen zu lesen, um eine andere, gemeinsame Wohnung zu finden. Dazu sollten wir die Hilfe unserer Freunde und Familie in Anspruch nehmen. Ganz vehement versicherte sie, dass dies bei anderen auch möglich sei und ihre Freunde würden, wenn sie erblindet wäre, ihr natürlich regelmäßig die Anzeigen vorlesen. So gelangte die junge Frau zu der Schlussfolgerung, dass sie das von uns selbstverständlich ebenso erwarten könne. Ansonsten würden wir unseren Mitwirkungspflichten nicht nachkommen. Von Blinden oder gar dem Schicksal vieler Späterblindeter verstand sie nichts. Stattdessen wurde mit solchen Forderungen unnötiger Druck auf uns ausgeübt. Sich „kümmern zu müssen" scheint unsere Mission im Leben zu sein. Es dauerte nämlich nur einige Monate bis wir mit dem nächsten „Pflegefall" konfrontiert wurden. Dieser Mensch bekam und bekommt sämtliche Sparmaßnahmen zu spüren und mein Partner und ich werden noch einige Zeit benötigen, um umfassend Hilfe leisten zu können. Aber wir werden es schaffen!

Eddie und mich macht es betroffen, dass behinderte Menschen oft einfach so an den Rand der Gesellschaft gedrängt werden und ihre Integration und Rehabilitation laufend von

Kosten abhängig gemacht wird. Oft stellt man uns die Frage, wie wir dies bis dato alles meistern konnten? Darauf gibt es nur eine Antwort. Gott hatte uns getragen!
Ein Jahr nachdem Eddie und ich den Jakobsweg gegangen waren, erhielten wir, über Umwege, eine Karte aus Spanien. Sie kam von Hain und Arne, die erneut auf dem Camino Francés pilgerten.

„Stärke wächst nicht aus körperlicher Kraft – vielmehr aus unbeugsamen Willen" (Mahatma Gandhi)

DANKSAGUNG

Unser Dank gilt Heiko und Jana Zohner, der Führhundschule Raimon Jordt aus Lutheran, Rainer Schalle sowie dem Amtsgericht Bergen auf Rügen, welches einem späterblindeten Menschen sein Vertrauen ausgesprochen hatte, in dem es ihn zum Betreuer bestellte.

Des Weiteren bedanken wir uns bei
Herrn Chefarzt Prof. Dr. med. Siegfried Krabbe,
Herrn Dr. med. Peter Zimprich,
Herrn MU Dr. Dr. med. Peter Drewniak,
Herrn Dr. med. Andreas Timmel,
Frau Dipl. med. Annegret Eichstädt,
Herrn Zahnarzt Jörg Kempin,
Frau Dipl. med. vet. Hendrikje Bischoff,
Herrn Pfarrer Dr. Jörn Kiefer
und der Gemeinde St. Marien zu Bergen auf Rügen,
Herrn Ronald Röhrdantz - Rehabilitationslehrer in Orientierung und Mobilität,
Herrn Stadtvertretervorsteher Eike Bunge,
den Mitarbeiterinnen und Mitarbeitern des Rathauses in Bergen auf Rügen,
Frau Dr. Angela Merkel,
Frau Viola Hannemann Nitsch,
unvergessen: Prof. Dr. med. Wieland Meng (†)

Unseren ganz besonderen Dank möchten wir Frau Silke Horn, für die Aufsprache unseres Buches als Hörbuch, aussprechen.